Kryptowährung

Hinter den Kulissen der digitalen Revolution

INHALT

Vorwort

Liebe Leserinnen und Leser,

willkommen zum ausführlichen Leitfaden über Kryptowährungen. In der heutigen Zeit beeinflussen digitale Währungen nicht nur die Finanzwelt, sondern auch unseren Alltag immer stärker. Deshalb ist es wichtig, gut informiert zu sein und zu verstehen, worum es bei diesem spannenden, aber auch komplexen Thema geht. Dieses eBook soll Ihnen dabei helfen.

Kryptowährungen haben in den letzten Jahren eine erstaunliche Entwicklung durchgemacht. Was ursprünglich als Experiment für Computerfans begann, ist jetzt ein weltweites Phänomen, das unsere Sicht auf Geld, Investitionen und sogar unsere Gesellschaft grundlegend verändert hat. In Deutschland gibt es besonders großes Interesse an Kryptowährungen und Blockchain-Technologie, was sich in vielen Start-ups, Forschungsprojekten und Veranstaltungen zeigt.

In diesem eBook werden viele verschiedene Themen behandelt, welche sowohl für Anfänger als auch für erfahrene Investoren interessant sind. Gestartet wird mit den Grundlagen des Quantencomputings und wie es sich auf Kryptowährungen auswirken könnte. Das ist spannend, weil die Entwicklung von Quantencomputern die Sicherheit der Blockchain-Technologie herausfordern könnte. Es werden auch die Risiken und die Lösungen, die entwickelt werden, erklärt.

Danach schauen wir uns an, wie Kryptowährungen im Online-Handel genutzt werden. Wenn große Einzelhändler und E-Commerce-Plattformen digitale Währungen akzeptieren, kann das die finanzielle Inklusion fördern und den Zugang zu globalen Märkten erleichtern.

Wir sprechen auch über Steuern und Regeln, die in Deutschland wichtig sind.

Ein weiterer wichtiger Punkt ist die Frage, wie Kryptowährungen verwaltet werden. Die Blockchain-Technologie ist dezentral, das bedeutet, dass es spezielle Methoden gibt, um Entscheidungen zu treffen und Konflikte zu lösen. Wir erklären verschiedene Modelle und wie sie funktionieren.

Sicherheit ist natürlich auch ein großes Thema. Wir geben Ihnen Tipps, wie Sie Ihre Kryptowährungen sicher aufbewahren können. Angefangen bei der Wahl der richtigen Geldbörse bis zu fortgeschrittenen Sicherheitsmaßnahmen.

Am Ende werfen wir einen Blick in die Zukunft und sprechen über Trends und Vorhersagen, die die Welt der Kryptowährungen in den nächsten Jahren beeinflussen könnten. Es gibt viele spannende Entwicklungen, von neuen Technologien bis zu gesellschaftlichen Veränderungen.

Wir laden Sie herzlich ein, mit uns auf diese spannende Reise durch die Welt der Kryptowährungen zu gehen. Dieses eBook soll nicht nur eine Informationsquelle sein, sondern auch Sie inspirieren, selbst in die Welt der Kryptowährungen einzutauchen. Lassen Sie uns gemeinsam dieses faszinierende Thema erkunden und verstehen, wie es unser Leben, unsere Gesellschaft und unsere Zukunft beeinflussen kann.

Einführung in die Kryptowährung

Was ist Kryptowährung?

Kryptowährung, ein Begriff, der in den letzten Jahren immer mehr an Bedeutung gewonnen hat, stellt eine revolutionäre Form des digitalen oder virtuellen Geldes dar. Im Gegensatz zu traditionellen Währungen wie dem Euro oder dem Dollar, die von Zentralbanken und Regierungen kontrolliert werden, operieren Kryptowährungen auf einer dezentralen Basis. Sie nutzen eine Technologie namens Blockchain, ein öffentliches, für jeden einsehbares Kassenbuch, das alle Transaktionen in einer verschlüsselten Form speichert.

Die erste und bekannteste Kryptowährung ist Bitcoin, die 2009 von einer unbekannten Person oder Gruppe unter dem Pseudonym Satoshi Nakamoto eingeführt wurde. Bitcoin war eine Antwort auf die Finanzkrise von 2008 und zielte darauf ab, eine neue Form von Geld zu schaffen, die frei von staatlicher Kontrolle und Manipulation ist. Seitdem haben sich Hunderte von anderen Kryptowährungen entwickelt, jede mit ihren eigenen einzigartigen Funktionen und Anwendungen. Einige, wie Ethereum, bieten zusätzliche Funktionen wie Smart Contracts, die es ermöglichen, automatische, selbstausführende Verträge, ohne die Notwendigkeit eines Mittelsmanns zu erstellen.

Kryptowährungen sind nicht nur ein Mittel zum Kauf von Waren und Dienstleistungen, sondern auch eine Anlageklasse, die in den letzten Jahren erhebliche Aufmerksamkeit auf sich gezogen hat. Der Wert einer Kryptowährung wird durch

Angebot und Nachfrage bestimmt, ähnlich wie Aktien an der Börse. Da sie nicht an eine physische Ware gebunden sind und keinen intrinsischen Wert haben, können die Preise stark schwanken. Dies macht sie zu einer riskanten, aber potenziell lukrativen Investition.

Ein weiterer bemerkenswerter Aspekt von Kryptowährungen ist ihre Anonymität. Während Transaktionen öffentlich auf der Blockchain aufgezeichnet werden, sind die Identitäten der an einer Transaktion beteiligten Personen verschlüsselt. Dies bietet ein hohes Maß an Datenschutz, birgt jedoch auch Risiken, da es für illegale Aktivitäten missbraucht werden kann. Daher ist die Regulierung von Kryptowährungen ein heiß diskutiertes Thema, und verschiedene Länder haben unterschiedliche Ansätze zur Kontrolle dieser digitalen Währungen entwickelt.

Die Verwendung von Kryptowährungen geht über den Finanzsektor hinaus. Sie finden Anwendung in verschiedenen anderen Bereichen wie dem Gesundheitswesen, der Immobilienbranche und sogar in der Kunstwelt durch die Verwendung von Non-fungible Tokens (NFTs). Diese Vielseitigkeit macht Kryptowährungen zu einem äußerst disruptiven und innovativen Technologiebereich, der das Potenzial hat, viele Aspekte unseres täglichen Lebens zu verändern.

Die Technologie hinter Kryptowährungen ist komplex und erfordert ein tiefes Verständnis von Kryptographie und Informatik. Aber man muss kein Experte in diesen Bereichen sein, um die grundlegenden Vorteile und Risiken von Kryptowährungen zu verstehen. Es gibt zahlreiche Ressourcen und Plattformen, die Bildungsmaterialien und Handelsinstrumente bieten, um sowohl Anfängern als auch erfahrenen Anlegern den Einstieg in diese faszinierende Welt zu erleichtern.

Die Kryptowährungswelt ist wie ein sich ständig veränderndes Puzzle, bei dem jedes Teil eine spezifische Funktion erfüllt und zur Gesamtbildung beiträgt. Obwohl sie manchmal als spekulativ und riskant angesehen werden, können sie nicht mehr als bloße Modeerscheinung abgetan werden. Sie sind hier, um zu bleiben und werden weiterhin eine wichtige Rolle in verschiedenen Sektoren spielen. Die Frage ist nicht mehr, ob sie Teil unserer Zukunft sein werden, sondern wie wir sie am besten nutzen können, um eine inklusivere und effizientere Gesellschaft zu schaffen.

Ein Aspekt, der oft übersehen wird, ist die Rolle von Kryptowährungen in der finanziellen Inklusion. In vielen Teilen der Welt haben Menschen keinen Zugang zu traditionellen Bankdienstleistungen. Kryptowährungen können hier eine entscheidende Rolle spielen, indem sie eine einfachere und kostengünstigere Möglichkeit bieten, Geld zu senden und zu empfangen. Durch die Nutzung von Mobiltelefonen können Menschen in abgelegenen Gebieten Transaktionen durchführen, ohne auf eine Bankfiliale angewiesen zu sein.

Ein weiterer interessanter Punkt ist die Interoperabilität zwischen verschiedenen Kryptowährungen und Blockchain-Plattformen. Es gibt Projekte, die darauf abzielen, eine Brücke zwischen verschiedenen Blockchains zu schlagen, um einen nahtlosen Austausch von Werten und Informationen zu ermöglichen. Dies könnte die Art und Weise, wie wir Geschäfte machen und Daten austauschen, grundlegend verändern und zu einer stärker vernetzten Welt führen.

Kryptowährungen haben auch das Potenzial, die Art und Weise, wie wir über Eigentum und Besitz denken, zu revolutionieren. Durch die Tokenisierung von Vermögenswerten wie Immobilien, Kunst oder sogar geistigem Eigentum können diese in kleinere, handelbare Einheiten aufgeteilt werden.

Dies ermöglicht es mehr Menschen, in diese Vermögenswerte zu investieren und gleichzeitig die Liquidität zu erhöhen.

Die Governance von Kryptowährungen ist ein weiterer Aspekt, der besondere Aufmerksamkeit verdient. Im Gegensatz zu traditionellen Währungen, die von einer zentralen Autorität verwaltet werden, sind viele Kryptowährungen so konzipiert, dass die Community die Regeln und Richtlinien bestimmt. Dies geschieht oft durch Mechanismen wie "Staking", bei dem die Inhaber einer bestimmten Kryptowährung Entscheidungen durch Abstimmung treffen können.

Zuletzt sollte die Rolle von Kryptowährungen in der modernen Makroökonomie nicht unterschätzt werden. In einer Zeit, in der Themen wie Inflation und Währungsabwertung immer mehr in den Fokus rücken, bieten Kryptowährungen eine alternative Sichtweise auf die Funktionsweise von Geld und Finanzsystemen. Sie stellen eine Option dar, die es ermöglicht, Vermögen in einer Form zu halten, die nicht so leicht durch externe Faktoren wie Regierungspolitik beeinflusst werden kann.

Kryptowährungen sind weit mehr als nur digitales Geld oder eine spekulative Anlageklasse. Sie repräsentieren eine Verschiebung im Paradigma, wie wir über Finanzen, Eigentum und Governance denken. Sie bieten neue Möglichkeiten für Innovation und Effizienz und haben das Potenzial, einige der drängendsten Probleme der modernen Welt anzugehen. Sie sind ein Werkzeug, das, wenn es klug eingesetzt wird, das Potenzial hat, nicht nur den Finanzsektor, sondern auch viele andere Bereiche unseres Lebens zu transformieren.

Warum ist Kryptowährung wichtig?

Die Bedeutung von Kryptowährungen in der heutigen Welt kann kaum überschätzt werden. Sie sind nicht nur ein technologisches Phänomen, sondern auch ein sozioökonomisches. Kryptowährungen haben die Art und Weise, wie wir über Geld, Transaktionen und sogar soziale Strukturen denken, grundlegend verändert. Sie bieten eine dezentrale Alternative zu dem von Zentralbanken und Regierungen kontrollierten Finanzsystem und haben das Potenzial, die Machtverhältnisse in der globalen Wirtschaft zu verschieben.

Ein Hauptvorteil von Kryptowährungen ist die finanzielle Inklusion. Weltweit haben Milliarden von Menschen keinen Zugang zu traditionellen Bankdienstleistungen. Kryptowährungen können diese Lücke schließen, indem sie eine einfachere, kostengünstigere und zugänglichere Form der Finanztransaktion bieten. Mit einem Smartphone und einer Internetverbindung können Menschen in entlegenen Gebieten Geld senden und empfangen, ohne auf eine Bankfiliale oder hohe Gebühren angewiesen zu sein.

Darüber hinaus bieten Kryptowährungen eine erhöhte Transparenz und Sicherheit durch die Verwendung der Blockchain-Technologie. Jede Transaktion wird in einem öffentlichen Ledger aufgezeichnet, das für jeden einsehbar ist. Dies macht es extrem schwierig, Transaktionen zu fälschen oder zu manipulieren. In einer Welt, in der Betrug und Korruption weit verbreitet sind, stellt dies einen signifikanten Fortschritt dar.

Die Bedeutung von Kryptowährungen zeigt sich auch in ihrer Fähigkeit, die Art und Weise zu verändern, wie Geschäfte abgewickelt werden. Durch Smart Contracts und dezentrale Anwendungen können komplexe Transaktionen und Verträge ohne die Notwendigkeit eines Mittelsmanns oder einer Vertrauensperson automatisiert werden. Dies reduziert nicht nur die Kosten, sondern auch die Zeit, die für die Abwicklung von Geschäften benötigt wird.

Kryptowährungen haben auch das Potenzial, die Machtstrukturen zu demokratisieren. In einem traditionellen Finanzsystem haben wenige große Akteure, wie Zentralbanken und Großkonzerne, eine enorme Kontrolle. Kryptowährungen können diese Machtverhältnisse ausgleichen, indem sie jedem Einzelnen die Möglichkeit geben, am Finanzsystem teilzunehmen. Dies ist besonders relevant in Ländern mit instabilen politischen oder wirtschaftlichen Verhältnissen, wo die lokale Währung anfällig für Abwertung und Inflation ist.

Die Anwendungsmöglichkeiten von Kryptowährungen gehen jedoch über den Finanzsektor hinaus. Sie haben das Potenzial, in Bereichen wie Gesundheitswesen, Lieferkettenmanagement und sogar im Wahlprozess einen signifikanten Einfluss auszuüben. Durch die Tokenisierung von Vermögenswerten können beispielsweise Immobilien in kleinere, handelbare Einheiten aufgeteilt werden, was die Liquidität erhöht und mehr Menschen die Möglichkeit gibt, in diese Anlageklasse zu investieren.

Natürlich sind Kryptowährungen nicht ohne ihre Herausforderungen und Risiken. Fragen der Skalierbarkeit, Regulierung und Sicherheit müssen noch gelöst werden. Aber trotz dieser Herausforderungen bieten sie eine transformative Kraft, die das Potenzial hat, die Welt auf vielfältige Weise zu verbessern. Sie sind ein Werkzeug für soziale und wirtschaftliche Veränderung, das die Macht hat, die Art und Weise, wie wir leben und interagieren, neu zu definieren. Sie sind nicht nur ein neues Finanzinstrument, sondern ein Ausdruck eines breiteren Wunsches nach mehr Autonomie, Transparenz und Gleichheit in verschiedenen Aspekten unseres Lebens.

Ein oft übersehener Aspekt ist die geopolitische Bedeutung von Kryptowährungen. In einer Zeit, in der Handelskriege und Sanktionen an der Tagesordnung sind, bieten Kryptowährungen eine Möglichkeit, traditionelle Finanznetzwerke zu umgehen. Dies kann für Länder, die von internationalen Sanktionen betroffen sind, oder für Unternehmen, die in mehreren Ländern tätig sind, von entscheidender Bedeutung sein.

Ein weiterer Punkt ist die Rolle von Kryptowährungen in der Förderung von Forschung und Entwicklung. Die zugrunde liegende Blockchain-Technologie ist nicht nur für Finanztransaktionen nützlich. Sie hat das Potenzial, die Art und Weise zu revolutionieren, wie wir Daten speichern, teilen und verifizieren. Dies könnte in Bereichen wie der Medizin, wo die sichere und unveränderliche Speicherung von Patientendaten entscheidend ist, von unschätzbarem Wert sein.

Die Bedeutung von Kryptowährungen zeigt sich auch in ihrer Fähigkeit, traditionelle Geschäftsmodelle zu stören. Nehmen wir zum Beispiel den Medienbereich: Durch Mikrotransaktionen könnten Content-Ersteller direkt von ihren Zuschauern oder Lesern bezahlt werden, ohne dass ein Mittelsmann wie eine Verlagsplattform erforderlich ist. Dies könnte die Art und Weise, wie Inhalte produziert und monetarisiert werden, grundlegend verändern.

Kryptowährungen können auch als Katalysator für sozialen Wandel dienen. Sie bieten eine Plattform für gemeinnützige Organisationen und soziale Projekte, um Spenden in einer transparenten und effizienten Weise zu sammeln. Die Blockchain-Technologie könnte sogar verwendet werden, um die Ausgaben und den Einfluss von gemeinnützigen Organisationen zu verfolgen, was zu mehr Transparenz und Vertrauen in den sozialen Sektor führen könnte.

Zuletzt lässt sich sagen, dass Kryptowährungen weit mehr sind als nur eine neue Form von Geld oder eine spekulative Anlageklasse. Sie sind ein vielseitiges und mächtiges Werkzeug, das in der Lage ist, tiefgreifende Veränderungen in einer Vielzahl von Sektoren und Lebensbereichen herbeizuführen. Von der Förderung der finanziellen Inklusion bis zur Anregung von Innovation und sozialem Wandel bieten sie eine Fülle von Möglichkeiten, die Welt zum Besseren zu verändern. Sie sind ein Spiegelbild der kollektiven Sehnsucht nach einem transparenteren, gerechteren und effizienteren System. Und genau das macht sie so unverzichtbar in der Landschaft der modernen Welt.

Die Geschichte der Kryptowährung

Von der Cypherpunk-Bewegung zu Bitcoin

Die Reise von der Cypherpunk-Bewegung zu Bitcoin ist eine faszinierende Erzählung, die tief in die Wurzeln der digitalen Revolution eintaucht. Die Cypherpunk-Bewegung, die in den späten 1980er und frühen 1990er Jahren ihren Ursprung fand, war eine Gruppe von Aktivisten, die stark an die Macht der Kryptographie glaubten, um Privatsphäre und Freiheit in der digitalen Welt zu schützen. Diese Bewegung legte den Grundstein für die Entwicklung von Bitcoin und anderen Kryptowährungen, die heute eine so wichtige Rolle in unserem Finanzsystem spielen.

Die Cypherpunks waren Pioniere, die die transformative Kraft der Kryptographie erkannten. Sie sahen, wie diese Technologie dazu verwendet werden könnte, die Kommunikation sicherer zu machen und die Privatsphäre der Menschen zu schützen. In einer Zeit, in der das Internet noch in den Kinderschuhen steckte, war dies eine revolutionäre Idee. Die Cypherpunks waren nicht nur Theoretiker; sie waren auch Praktiker, die aktiv Software entwickelten, um ihre Ideen in die Tat umzusetzen. Programme wie Pretty Good Privacy (PGP) entstanden aus dieser Bewegung und sind heute noch weit verbreitet.

In dieser kreativen und intellektuell stimulierenden Umgebung entstand die Idee von digitalen Währungen. Die Cypherpunks erkannten, dass Geld im Kern ein Kommunikationsmittel ist und dass die Kryptographie die Möglichkeit bietet, eine Form von Geld zu schaffen, die unabhängig von zentralen Institutionen ist. Verschiedene Versuche wurden unternommen, darunter DigiCash von David Chaum, die jedoch aus verschiedenen Gründen scheiterten, meist wegen der Schwierigkeiten bei der Skalierung und der Akzeptanz.

Dann kam 2008, das Jahr, in dem die Weltfinanzkrise die Schwächen des bestehenden Finanzsystems offenbarte. In diesem Kontext veröffentlichte eine unbekannte Person oder Gruppe unter dem Pseudonym Satoshi Nakamoto das Bitcoin-Whitepaper. Bitcoin war die erste erfolgreiche Implementierung einer dezentralen digitalen Währung, die viele der Ideen und Prinzipien der Cypherpunk-Bewegung verkörperte. Es verwendete eine öffentliche Blockchain, um Transaktionen zu verifizieren, und löste das Problem der doppelten Ausgaben, das frühere digitale Währungen behindert hatte.

Bitcoin war nicht nur eine technologische Innovation; es war auch eine soziale und politische. Es stellte die Vorstellung in Frage, dass Geld von einer zentralen Autorität kontrolliert werden muss, und bot stattdessen ein System, das auf Konsens und dezentraler Verifizierung basiert. Dies war eine direkte Fortsetzung der Cypherpunk-Ideale von Freiheit, Autonomie und Privatsphäre.

Die Auswirkungen von Bitcoin und der zugrunde liegenden Blockchain-Technologie sind weitreichend. Sie haben nicht nur die Art und Weise verändert, wie wir über Geld und Finanzen denken, sondern auch die Tür für eine Vielzahl anderer Anwendungen geöffnet, von Smart Contracts bis hin zu dezentralen autonomen Organisationen. Und während Bitcoin selbst immer noch Gegenstand von Debatten und Kontroversen ist, ist sein Einfluss unbestreitbar.

Die Reise von der Cypherpunk-Bewegung zu Bitcoin ist ein beeindruckendes Beispiel für die Macht der Ideen und der Gemeinschaft. Es zeigt, wie eine kleine Gruppe von engagierten Individuen die Welt verändern kann, und es dient als Erinnerung daran, dass die Grenzen dessen, was möglich ist, ständig neu definiert werden. In einer Zeit, in der Fragen der Privatsphäre und Autonomie immer dringlicher werden, bietet die Geschichte von Bitcoin und den Cypherpunks wertvolle Einblicke in die Möglichkeiten und Herausforderungen, die vor uns liegen. Sie ist ein Kapitel in einem größeren Narrativ, das noch lange nicht abgeschlossen ist.

Ein weiterer Aspekt, der in der Diskussion um die Cypherpunk-Bewegung und die Entstehung von Bitcoin oft übersehen wird, ist die Rolle der Open-Source-Kultur. Die Cypherpunks waren starke Befürworter von Open-Source-Software und glaubten, dass der freie Austausch von Ideen und Code die beste Möglichkeit ist, robuste und sichere Systeme zu schaffen. Bitcoin selbst ist ein Produkt dieser Kultur; sein Code ist für jeden zugänglich, und dies hat eine Welle von Innovationen und Forks ausgelöst, die das ursprüngliche Protokoll in vielfältiger Weise erweitert haben.

Die Cypherpunk-Bewegung und Bitcoin haben auch die Diskussion um digitale Rechte und digitale Souveränität beeinflusst. In einer Welt, in der Daten oft als das "neue Öl" bezeichnet werden, bieten Kryptowährungen und Blockchain-Technologie die Möglichkeit, die Kontrolle über die eigenen Daten zurückzugewinnen. Dies reicht von der Möglichkeit, digitale Identitäten zu erstellen, die nicht von einer zentralen Behörde verwaltet werden, bis hin zur Schaffung von dezentralen sozialen Netzwerken, die die Macht von Tech-Giganten wie Facebook und Google herausfordern könnten.

Darüber hinaus hat die Cypherpunk-Bewegung die Grundlagen für die Entstehung einer völlig neuen Wirtschaftsform gelegt, oft als Kryptoökonomie bezeichnet. Diese umfasst nicht nur Kryptowährungen, sondern auch eine Vielzahl anderer finanzieller Instrumente und Governance-Modelle, die auf Blockchain-Technologie basieren.

Von dezentralen Finanzen (DeFi) bis hin zu Token-basierten Governance-Systemen eröffnen diese neuen Modelle Wege für wirtschaftliche Interaktion, die vorher nicht möglich waren.

Die Cypherpunk-Bewegung hat auch dazu beigetragen, das Bewusstsein für die Bedeutung der Kryptographie in der modernen Welt zu schärfen. Vor der Popularität von Bitcoin war die Kryptographie meist nur ein Nischenthema, das auf militärische Anwendungen beschränkt war. Heute ist sie ein integraler Bestandteil der digitalen Sicherheit und wird in einer Vielzahl von Anwendungen eingesetzt, von sicheren Kommunikationsplattformen bis hin zu digitalen Signaturen in rechtlichen Dokumenten.

Abschließend lässt sich sagen, dass die Cypherpunk-Bewegung und die Entstehung von Bitcoin weit mehr als nur technologische Phänomene sind. Sie sind Ausdruck einer tief verwurzelten philosophischen Haltung, die Autonomie, Freiheit und Innovation hochschätzt. Sie haben die Art und Weise, wie wir über Geld, Macht und Gemeinschaft denken, grundlegend verändert und bieten eine Blaupause für die Art von Welt, die viele von uns zu schaffen hoffen. Sie sind ein lebendiges Beispiel dafür, wie die Verschmelzung von Technologie und Ideologie die Gesellschaft in unerwartete und oft transformative Richtungen lenken kann.

Meilensteine in der Entwicklung der Kryptowährungen

Die Entwicklung der Kryptowährungen ist eine faszinierende Reise durch Innovation, Herausforderungen und bahnbrechende Veränderungen. Einer der ersten Meilensteine war natürlich die Veröffentlichung des Bitcoin-Whitepapers durch Satoshi Nakamoto im Jahr 2008. Dieses Dokument legte nicht nur die Grundlagen für Bitcoin, sondern auch für die gesamte Kryptowährungslandschaft. Es führte das Konzept der Blockchain ein, eine dezentrale Datenbank, die Transaktionen in einer Weise sichert, die Manipulationen extrem schwierig macht.

Nach der Einführung von Bitcoin folgte die Entwicklung von Altcoins, alternative Kryptowährungen, die verschiedene Aspekte von Bitcoin verbessern oder modifizieren wollten. Litecoin, zum Beispiel, wurde 2011 eingeführt und bot schnellere Transaktionszeiten. Ether, die native Kryptowährung der Ethereum-Plattform, wurde 2015 eingeführt und brachte das Konzept der Smart Contracts in den Mainstream, was die Tür für dezentrale Anwendungen (dApps) öffnete.

Ein weiterer signifikanter Meilenstein war die Einführung von Initial Coin Offerings (ICOs), eine Form der Kapitalbeschaffung, bei der Unternehmen Tokens im Austausch für etablierte Kryptowährungen wie Bitcoin oder Ether ausgeben. Obwohl ICOs ein wirksames Mittel zur Finanzierung innovativer Projekte sein können, haben sie auch Kontroversen und regulatorische Herausforderungen mit sich gebracht, insbesondere in Bezug auf die Einhaltung von Wertpapiergesetzen.

Die Einführung von Stablecoins, Kryptowährungen, die an den Wert einer Fiat-Währung oder eines anderen Vermögenswerts gebunden sind, markierte einen weiteren wichtigen Punkt in der Entwicklung des Kryptowährungsmarktes. Stablecoins wie Tether oder USD Coin bieten die Vorteile von Kryptowährungen, wie schnelle Transaktionen und niedrige Gebühren, ohne die Volatilität, die viele traditionelle Kryptowährungen plagt.

Die Entstehung des DeFi-Sektors (Dezentrale Finanzen) hat ebenfalls die Landschaft der Kryptowährungen verändert. DeFi-Plattformen ermöglichen eine Reihe von

Finanzdienstleistungen, von Krediten bis hin zu Versicherungen, die vollständig auf Blockchain-Technologie basieren. Dies hat das Potenzial, das traditionelle Finanzsystem zu stören und finanzielle Dienstleistungen für eine viel breitere Bevölkerungsschicht zugänglich zu machen.

Die regulatorischen Entwicklungen können ebenfalls als Meilensteine betrachtet werden, obwohl sie oft als Hindernisse gesehen werden. Die zunehmende Aufmerksamkeit von Regulierungsbehörden weltweit hat dazu geführt, dass Kryptowährungen immer mehr als legitime Finanzinstrumente anerkannt werden. Dies hat sowohl positive als auch negative Auswirkungen, aber es ist ein unvermeidlicher Schritt auf dem Weg zur Massenakzeptanz.

In jüngerer Zeit hat die Einführung von Non-Fungible Tokens (NFTs) die Art und Weise, wie wir über Eigentum und Wert in der digitalen Welt denken, revolutioniert. NFTs ermöglichen die Tokenisierung von Einzelstücken wie Kunstwerken, Sammlerstücken oder sogar Tweets, und haben neue Möglichkeiten für Künstler und Schöpfer eröffnet, ihre Arbeit zu monetarisieren.

Die Kryptowährungslandschaft ist ständig in Bewegung, und es ist schwer vorherzusagen, welche Meilensteine als nächstes erreicht werden. Doch eines ist sicher: Die Auswirkungen dieser Technologie sind tiefgreifend und weitreichend. Sie haben die Art und Weise, wie wir über Geld, Finanzen und sogar gesellschaftliche Strukturen denken, bereits verändert und werden dies auch weiterhin tun. Sie sind ein lebendiges Beispiel für die transformative Kraft der Innovation und ein Beweis dafür, dass die Grenzen des Möglichen immer wieder neu definiert werden.

Ein weiterer bemerkenswerter Aspekt in der Entwicklung der Kryptowährungen ist die Rolle der institutionellen Investoren. Früher wurden Kryptowährungen hauptsächlich von

Einzelpersonen und kleinen Investoren gehalten. Doch in den letzten Jahren haben große Finanzinstitutionen, Hedgefonds und sogar einige Länder begonnen, Kryptowährungen in ihre Portfolios aufzunehmen. Dies hat nicht nur die Liquidität und das Handelsvolumen erhöht, sondern auch die Legitimität von Kryptowährungen als Anlageklasse gestärkt.

Die Einführung von Krypto-Börsen und Handelsplattformen hat ebenfalls die Zugänglichkeit und Akzeptanz von Kryptowährungen erhöht. Plattformen wie Coinbase, Binance und Kraken haben es für den Durchschnittsbürger einfacher gemacht, Kryptowährungen zu kaufen, zu halten und zu handeln. Dies hat die Benutzerfreundlichkeit verbessert und die Einstiegshürden für Neulinge im Kryptowährungsbereich gesenkt.

Ein weiterer wichtiger Meilenstein ist die Entwicklung von Layer-2-Lösungen und Interoperabilität zwischen verschiedenen Blockchains. Projekte wie das Lightning Network für Bitcoin oder die verschiedenen Bridges zwischen Ethereum und anderen Blockchains haben es ermöglicht, schneller und kostengünstiger zu transagieren und gleichzeitig die Vorteile der dezentralen Sicherheit zu nutzen.

Die Rolle der Medien und der öffentlichen Wahrnehmung sollte ebenfalls nicht unterschätzt werden. Anfangs wurden Kryptowährungen oft als Werkzeug für illegale Aktivitäten angesehen. Doch durch intensive Berichterstattung und Bildung hat sich dieses Narrativ gewandelt. Heute werden Kryptowährungen zunehmend als revolutionäre Technologie angesehen, die das Potenzial hat, viele Aspekte unseres Lebens zu verändern.

Die Einführung von Krypto in den Einzelhandel und in Alltagstransaktionen stellt einen weiteren wichtigen Schritt dar. Unternehmen wie Tesla haben begonnen, Bitcoin als Zahlungsmittel zu akzeptieren, und es gibt sogar Kreditkarten, die Kryptowährungen als Belohnungen anbieten. Dies zeigt, dass Kryptowährungen nicht mehr nur eine Randerscheinung sind, sondern immer mehr in das traditionelle Finanzsystem integriert werden.

Die Meilensteine in der Entwicklung der Kryptowährungen sind vielfältig und beeindruckend. Sie reichen von technologischen Innovationen und der Einführung neuer Finanzinstrumente bis hin zu einem grundlegenden Wandel in der Art und Weise, wie die breite Öffentlichkeit und die institutionellen Akteure Kryptowährungen wahrnehmen und nutzen. Diese Entwicklungen sind ein Beleg für die anhaltende Relevanz und das transformative Potenzial dieser aufstrebenden Technologie. Sie sind ein klares Zeichen dafür, dass Kryptowährungen nicht nur gekommen sind, um zu bleiben, sondern dass sie auch weiterhin eine Schlüsselrolle in der Gestaltung unserer digitalen Zukunft spielen werden.

Blockchain: Das Rückgrat der Kryptowährung

Grundlagen der Blockchain-Technologie

Die Blockchain-Technologie ist das Rückgrat der Kryptowährungswelt und hat das Potenzial, weit über den Finanzsektor hinaus Einfluss zu nehmen. Im Kern ist eine Blockchain eine dezentrale Datenbank, die durch Kryptographie gesichert ist. Sie besteht aus einer Kette von Blöcken, die Transaktionsdaten enthalten. Jeder Block ist durch einen kryptographischen Hash mit dem vorherigen Block verbunden, was die Integrität der gesamten Kette sicherstellt.

Die dezentrale Natur der Blockchain macht sie besonders widerstandsfähig gegen Manipulationen. Im Gegensatz zu traditionellen, zentralisierten Datenbanken, bei denen eine einzige Instanz die Kontrolle hat, wird die Blockchain von einem Netzwerk von Computern, oft Knoten genannt, verwaltet. Diese Knoten validieren Transaktionen und fügen sie der Blockchain hinzu, nachdem ein Konsens erreicht wurde. Dieser Konsensmechanismus variiert je nach der spezifischen Blockchain; bei Bitcoin wird beispielsweise der Proof-of-Work-Mechanismus verwendet, während Ethereum plant, zu Proof-of-Stake zu wechseln.

Die Kryptographie spielt eine entscheidende Rolle bei der Sicherung der Blockchain. Der Hash eines jeden Blocks enthält nicht nur die Transaktionsdaten des Blocks selbst, sondern auch den Hash des vorherigen Blocks. Dies schafft eine unveränderliche Kette, da die Änderung eines Blocks den Hash des Blocks und aller nachfolgenden Blöcke verändern würde. Dies würde sofort erkannt und von den Knoten im Netzwerk abgelehnt werden.

Die Anwendungen der Blockchain-Technologie sind vielfältig und reichen weit über Kryptowährungen hinaus. Sie wird bereits in Bereichen wie Lieferkettenmanagement, digitale Identität und sogar im Gesundheitswesen eingesetzt. Die Fähigkeit, Daten auf eine transparente und unveränderliche Weise zu speichern, hat das Potenzial, viele der Herausforderungen zu lösen, die mit dem Datenschutz und der Datenintegrität in der digitalen Welt verbunden sind.

Ein weiterer interessanter Aspekt der Blockchain ist die Möglichkeit, Smart Contracts auszuführen. Dies sind selbstausführende Verträge, deren Bedingungen direkt in Code geschrieben sind. Sie werden automatisch ausgeführt, wenn bestimmte Bedingungen erfüllt sind, ohne dass eine dritte Partei erforderlich ist. Dies hat das Potenzial, die Effizienz in einer Vielzahl von Geschäftsprozessen zu steigern und gleichzeitig die Möglichkeit von Betrug oder menschlichem Versagen zu reduzieren.

Die Governance von Blockchains ist ebenfalls ein hochaktuelles Thema. Da es sich um dezentrale Netzwerke handelt, stellt sich die Frage, wie Entscheidungen getroffen werden und wie das Netzwerk aktualisiert werden kann. Verschiedene Blockchains haben unterschiedliche Mechanismen zur Lösung dieser Herausforderungen entwickelt, von der Abstimmung der Token-Inhaber bis hin zu komplexen Governance-Modellen.

Die Blockchain-Technologie ist ein faszinierendes und vielseitiges Instrument, das die Macht hat, die Art und Weise, wie wir Transaktionen durchführen und Daten speichern, grundlegend zu verändern. Sie bietet eine Kombination aus Sicherheit, Transparenz und Effizienz, die in der traditionellen Welt der zentralisierten Datenbanken schwer zu finden ist. Und während sie sicherlich ihre eigenen Herausforderungen und Limitierungen hat, darunter Fragen der Skalierbarkeit und der Energieeffizienz, sind die Möglichkeiten, die sie bietet, nahezu grenzenlos. Sie ist ein lebendiges Beispiel für die Art von Innovation, die entsteht, wenn Technologie und menschliche Kreativität aufeinandertreffen.

Ein Punkt, der in der Diskussion um die Grundlagen der Blockchain-Technologie oft übersehen wird, ist die Rolle der Tokenisierung. Durch die Umwandlung von Vermögenswerten in digitale Tokens können diese Vermögenswerte leichter gehandelt, übertragen und in Smart Contracts integriert werden. Dies eröffnet neue Möglichkeiten für die Finanzierung und den Besitz von Vermögenswerten, von Immobilien bis hin zu geistigem Eigentum.

Die Umweltauswirkungen der Blockchain, insbesondere von Proof-of-Work-Systemen wie Bitcoin, sind ebenfalls ein wichtiges Thema. Die Energieintensität dieser Systeme hat zu Bedenken hinsichtlich ihrer Nachhaltigkeit geführt. Als Reaktion darauf haben einige Blockchains bereits alternative Konsensmechanismen wie Proof-of-Stake oder Proof-of-Authority entwickelt, die weniger energieintensiv sind.

Die Frage der Skalierbarkeit bleibt ein zentrales Anliegen. Während Blockchains in der Theorie die Möglichkeit bieten, Transaktionen sicher und transparent zu gestalten, haben sie Schwierigkeiten, dies in der Praxis in großem Maßstab zu tun. Lösungen wie Sharding oder Layer-2-Netzwerke wie das Lightning Network versuchen, dieses Problem zu lösen, indem sie die Transaktionskapazität erhöhen, ohne die Sicherheit zu beeinträchtigen.

Die Interoperabilität zwischen verschiedenen Blockchains ist ein weiteres spannendes Gebiet. Mit der wachsenden Anzahl von Blockchains steigt der Bedarf an Wegen, um diese verschiedenen Netzwerke miteinander zu verbinden. Projekte wie Polkadot und Cosmos arbeiten an der Schaffung von Blockchain-Netzwerken, die in der Lage sind, miteinander zu kommunizieren und Transaktionen zwischen ihnen zu ermöglichen.

Die Rolle der Benutzererfahrung sollte ebenfalls nicht unterschätzt werden. Für die Massenakzeptanz von Blockchain-Technologie ist es entscheidend, dass die Benutzeroberflächen und die Benutzererfahrung so gestaltet sind, dass sie für den Durchschnittsbürger verständlich und zugänglich sind. Dies ist eine der größten Hürden auf dem Weg zur breiten Einführung von Blockchain-Anwendungen und wird von vielen Projekten aktiv angegangen.

Zuletzt lässt sich sagen, dass die Blockchain-Technologie weit mehr ist als nur eine dezentrale Datenbank für Kryptowährungen. Sie ist ein vielseitiges Werkzeug, das das Potenzial hat, zahlreiche Aspekte unseres Lebens zu revolutionieren, von der Art und Weise, wie wir Vermögenswerte besitzen und übertragen, bis hin zur Art und Weise, wie wir mit Nachhaltigkeits- und Skalierbarkeitsfragen umgehen. Sie ist ein lebendiges Beispiel für die transformative Kraft der Technologie und ein Beweis dafür, dass die Grenzen des Möglichen immer wieder neu definiert werden.

Wie Blockchain die Finanzwelt revolutioniert

Die Blockchain-Technologie hat das Potenzial, die Finanzwelt in einer Weise zu revolutionieren, die wir seit der Einführung des Internets nicht mehr gesehen haben. Einer der auffälligsten Bereiche ist das traditionelle Bankwesen. Durch die Verwendung von Blockchain können Banken Transaktionen schneller und kostengünstiger abwickeln. Dies ist besonders relevant für internationale Überweisungen, die in der Regel teuer und zeitaufwendig sind. Mit Blockchain können diese Transaktionen in Minuten statt Tagen abgeschlossen werden, und das zu einem Bruchteil der Kosten.

Ein weiterer Bereich, der durch die Blockchain-Technologie

transformiert wird, ist der Handel mit Finanzinstrumenten. Die traditionelle Art des Handels erfordert eine Reihe von Vermittlern, darunter Broker und Börsen, die den Prozess verlangsamen und teurer machen. Blockchain ermöglicht den Peer-to-Peer-Handel von Vermögenswerten, ohne dass ein Mittelsmann erforderlich ist. Dies reduziert nicht nur die Kosten, sondern erhöht auch die Transparenz, da alle Transaktionen auf der Blockchain aufgezeichnet und für alle Teilnehmer sichtbar sind.

Die Blockchain-Technologie hat auch die Tür für neue Formen der Finanzierung geöffnet. Initial Coin Offerings (ICOs) und Security Token Offerings (STOs) sind innovative Wege, um Kapital für ein Unternehmen oder ein Projekt zu beschaffen. Sie ermöglichen es den Investoren, direkt in ein Projekt zu investieren und im Gegenzug Token zu erhalten, die später für Gewinne verkauft oder für Dienstleistungen innerhalb des Projekts verwendet werden können. Dies hat die Finanzierungsmöglichkeiten für Start-ups und kleine Unternehmen erheblich erweitert, die möglicherweise keinen Zugang zu traditionellen Finanzierungsmöglichkeiten haben.

Dezentrale Finanzen, oft als DeFi bezeichnet, sind ein weiterer revolutionärer Aspekt, den die Blockchain-Technologie in die Finanzwelt gebracht hat. DeFi-Plattformen ermöglichen es den Benutzern, eine Vielzahl von Finanzdienstleistungen wie Kredite, Versicherungen und sogar komplexe Derivate ohne die Notwendigkeit einer zentralen Institution zu nutzen. Dies hat das Potenzial, das gesamte Finanzökosystem zu demokratisieren und finanzielle Dienstleistungen für eine breitere Bevölkerungsschicht zugänglich zu machen.

Die Blockchain-Technologie bietet auch Lösungen für einige der drängendsten Probleme im Finanzsektor, darunter Betrug und Geldwäsche. Durch die Verwendung von Smart Contracts und der Unveränderlichkeit der Blockchain können Transaktionen sicherer und transparenter gestaltet werden.

Dies macht es schwieriger für böswillige Akteure, das System zu manipulieren, und erleichtert die Einhaltung von Vorschriften.

Die Governance von Finanzinstitutionen ist ein weiterer Bereich, der durch die Blockchain-Technologie verbessert werden könnte. Durch die Verwendung von Token-basierten Abstimmungssystemen könnten Aktionäre eine direktere Kontrolle über Unternehmensentscheidungen haben, was zu einer besseren Rechenschaftspflicht und einer effizienteren Unternehmensführung führen könnte.

Blockchain-Technologie hat bereits begonnen, die Finanzwelt in einer Weise zu verändern, die wir uns vor einigen Jahren kaum hätten vorstellen können. Von der Beschleunigung von Banktransaktionen über die Ermöglichung neuer Finanzierungsformen bis hin zur Verbesserung der Transparenz und Sicherheit hat die Blockchain das Potenzial, die Finanzlandschaft grundlegend zu verändern. Sie stellt eine Reihe von Werkzeugen und Technologien bereit, die darauf abzielen, das Finanzsystem effizienter, transparenter und inklusiver zu gestalten. Sie ist ein lebendiges Beispiel dafür, wie innovative Technologie dazu verwendet werden kann, bestehende Systeme zu verbessern und neue Möglichkeiten zu schaffen.

Die Blockchain-Technologie hat auch erhebliche Auswirkungen auf das Risikomanagement in der Finanzwelt. Durch die Unveränderlichkeit der Blockchain können Finanzinstitutionen sicherstellen, dass Transaktionsdaten nicht manipuliert werden, was die Risikobewertung und -minderung erleichtert. Dies ist besonders wichtig in einem Umfeld, in dem Cyber-Bedrohungen und Datenverletzungen an der Tagesordnung sind.

Ein weiterer interessanter Aspekt ist die Möglichkeit der Tokenisierung von realen Vermögenswerten wie Immobilien, Kunst oder sogar Unternehmensanteilen.

Durch die Umwandlung dieser Vermögenswerte in digitale Token können sie leichter gehandelt und übertragen werden. Dies könnte die Liquidität in Märkten erhöhen, die traditionell als illiquide angesehen werden, und gleichzeitig die Transaktionskosten senken.

Die Blockchain-Technologie hat auch das Potenzial, die Art und Weise, wie wir Steuern und Abgaben handhaben, zu revolutionieren. Durch die Verwendung von Smart Contracts könnten Steuerzahlungen automatisiert und in Echtzeit abgewickelt werden, was die Effizienz erhöht und die Möglichkeit von Steuerhinterziehung verringert.

Die Einführung von Stablecoins, die an traditionelle Währungen oder andere Vermögenswerte gebunden sind, ist ein weiterer wichtiger Schritt. Diese bieten die Vorteile von Kryptowährungen, wie schnelle Transaktionen und niedrige Gebühren, ohne die Volatilität, die viele von der Nutzung von Kryptowährungen wie Bitcoin oder Ethereum abhält. Dies könnte die Akzeptanz von Blockchain im Mainstream-Finanzsektor erheblich fördern.

Die Blockchain-Technologie bietet auch neue Möglichkeiten für die Finanzbildung und -inclusion. Durch die Senkung der Eintrittsbarrieren und die Bereitstellung von benutzerfreundlichen Plattformen können mehr Menschen Zugang zu Finanzdienstleistungen erhalten. Dies ist besonders wichtig in Entwicklungsländern, wo der Zugang zu traditionellen Finanzdienstleistungen oft eingeschränkt ist.

Die Blockchain-Technologie ist weit mehr als nur eine neue Art der Transaktionsabwicklung oder Datenspeicherung. Sie ist ein mächtiges Instrument für den Wandel, das die Finanzwelt in vielerlei Hinsicht revolutioniert, von der Steigerung der Effizienz und Transparenz bis hin zur Ermöglichung neuer Geschäftsmodelle und der Verbesserung der finanziellen Inklusion. Sie ist ein lebendiges Beispiel dafür, wie Technologie genutzt werden kann, um reale Probleme zu lösen und das Leben der Menschen zu verbessern.

Wie funktioniert Bitcoin?

Der Aufbau eines Bitcoin-Blocks

Der Aufbau eines Bitcoin-Blocks ist ein faszinierendes Zusammenspiel von Kryptographie, Netzwerkdesign und Konsensmechanismen. Ein Block in der Bitcoin-Blockchain ist im Wesentlichen ein Datensatz, der eine Liste von Transaktionen enthält. Diese Transaktionen werden von den Teilnehmern des Netzwerks, den sogenannten Minern, überprüft und in einem Block zusammengefasst, bevor sie zur Blockchain hinzugefügt werden.

Jeder Block enthält einen Header, der verschiedene Metadaten enthält, darunter die Version des Protokolls, den Zeitstempel der Blockerstellung und den Hash des vorherigen Blocks. Dieser Hash ist entscheidend für die Integrität der Blockchain, da er sicherstellt, dass die Blöcke in einer unveränderlichen Kette miteinander verbunden sind. Wenn ein Block manipuliert wird, würde dies den Hash des Blocks und aller nachfolgenden Blöcke verändern, was leicht erkannt und von den Netzwerkknoten abgelehnt werden würde.

Im Blockheader befindet sich auch der sogenannte Merkle-Root-Hash, der eine Zusammenfassung aller Transaktionen im Block darstellt. Der Merkle-Root-Hash wird durch die Erstellung eines Merkle-Baums berechnet, einer binären Baumstruktur, die die Transaktionsdaten in einer organisierten Weise speichert. Dies ermöglicht eine effiziente und sichere Überprüfung der Transaktionen.

Die Transaktionen selbst sind im Blockkörper gespeichert und folgen dem Header. Jede Transaktion enthält die Absender- und Empfängeradressen, den Transaktionsbetrag und die Signatur des Absenders, um die Authentizität zu gewährleisten.

Die Transaktionen werden von den Minern in der Reihenfolge ihrer Gebühren sortiert, wobei Transaktionen mit höheren Gebühren Vorrang haben. Dies dient als Anreiz für die Miner, die Transaktion in den nächsten Block aufzunehmen.

Die Erstellung eines neuen Blocks ist ein rechenintensiver Prozess, der als Mining bezeichnet wird. Miner verwenden spezialisierte Hardware, um eine kryptographische Rätselaufgabe zu lösen, die auf den Daten des Blockheaders basiert. Der erste Miner, der die Aufgabe löst, hat das Recht, den neuen Block zur Blockchain hinzuzufügen und wird mit neuen Bitcoins und den Transaktionsgebühren aus dem Block belohnt. Dieser Prozess wird durch den Proof-of-Work-Mechanismus reguliert, der sicherstellt, dass die Ressourcen, die für das Mining aufgewendet werden, eine Barriere für böswillige Akteure darstellen.

Ein interessanter Aspekt des Bitcoin-Blocks ist die Möglichkeit der Einbindung von zusätzlichen Daten durch die Verwendung von OP_RETURN-Transaktionen. Diese ermöglichen es den Benutzern, kurze Nachrichten oder andere Daten in die Blockchain einzufügen, was für Anwendungen wie digitale Identitäten oder Eigentumsnachweise nützlich sein kann.

Der Aufbau eines Bitcoin-Blocks ist eine sorgfältig durchdachte Struktur, die die Grundlagen für die Integrität, Sicherheit und Funktionalität des gesamten Bitcoin-Netzwerks legt. Von der Verkettung der Blöcke durch kryptographische Hashes bis hin zur Verwendung von Merkle-Bäumen für die effiziente Organisation von Transaktionen zeigt jeder Aspekt des Blockaufbaus die Genialität und die sorgfältige Planung, die in die Entwicklung von Bitcoin eingeflossen sind. Es ist ein Paradebeispiel dafür, wie robuste Kryptographie und durchdachtes Netzwerkdesign zusammenkommen können, um ein System von beispielloser Sicherheit und Transparenz zu schaffen.

Ein weiteres Thema im Aufbau eines Bitcoin-Blocks ist die Anpassung der Schwierigkeit des Proof-of-Work-Mechanismus. Dieser Mechanismus ist darauf ausgelegt, dass ungefähr alle zehn Minuten ein neuer Block zur Blockchain hinzugefügt wird. Wenn mehr Miner dem Netzwerk beitreten und die gesamte Rechenleistung steigt, wird die Schwierigkeit der kryptographischen Rätselaufgabe angepasst. Dies stellt sicher, dass die Rate, mit der neue Blöcke erzeugt werden, konstant bleibt und somit die Integrität des Netzwerks gewahrt wird.

Die Transaktionsgebühren, die im Block enthalten sind, bieten auch eine interessante Dynamik. In Zeiten hoher Netzwerkauslastung können die Gebühren steigen, was wiederum einen Anreiz für Miner schafft, mehr Rechenleistung bereitzustellen. Dieses Gleichgewicht zwischen Angebot und Nachfrage in Bezug auf die Rechenleistung ist ein wesentliches Element für die Stabilität und Sicherheit des Bitcoin-Netzwerks.

Ein weiterer Punkt, der oft übersehen wird, ist die Rolle der sogenannten "Coinbase"-Transaktion. Dies ist die erste Transaktion in einem neuen Block und dient dazu, dem Miner seine Belohnung zukommen zu lassen. Die Coinbase-Transaktion ist einzigartig, da sie keine Eingänge hat und nur den Miner als Ausgang hat. Sie enthält die neu geschaffenen Bitcoins sowie die gesammelten Transaktionsgebühren des Blocks.

Die Möglichkeit der "Segregated Witness" (SegWit) ist ebenfalls ein innovatives Feature, das in neueren Versionen der Bitcoin-Software implementiert wurde. SegWit hat den Blockaufbau verändert, indem es die Signaturdaten von den Transaktionsdaten trennt. Dies erhöht die Kapazität eines Blocks und ermöglicht mehr Transaktionen pro Block, was wiederum die Skalierbarkeit des Netzwerks verbessert.

Der Aufbau eines Bitcoin-Blocks ist weit mehr als nur eine Ansammlung von Transaktionen. Er ist ein komplexes Zusammenspiel von kryptographischen, ökonomischen und netzwerktechnischen Mechanismen, die alle darauf abzielen, ein sicheres, effizientes und dezentrales Transaktionssystem zu schaffen. Von der Anpassung der Mining-Schwierigkeit bis hin zu innovativen Lösungen wie SegWit zeigt jeder Aspekt des Blockaufbaus die fortlaufende Evolution und Anpassungsfähigkeit des Bitcoin-Netzwerks. Es ist ein lebendiges Beispiel dafür, wie ein gut durchdachtes Design und die Integration von verschiedenen Technologien zu einem robusten und nachhaltigen System führen können.

Transaktionen und Bestätigungen

Transaktionen und Bestätigungen sind zwei der grundlegenden Bausteine, die das Funktionieren von Bitcoin und anderen Kryptowährungen ermöglichen. Wenn Sie Bitcoin von einer Wallet zur anderen senden, erstellen Sie eine Transaktion. Diese Transaktion wird dann in einem temporären Speicherbereich, dem sogenannten Mempool, gespeichert. Der Mempool ist eine Art Wartezimmer für Transaktionen, die darauf warten, von Minern in einen neuen Block aufgenommen zu werden. Sobald die Transaktion in einen Block aufgenommen und dieser Block zur Blockchain hinzugefügt wurde, gilt die Transaktion als bestätigt.

Die Anzahl der Bestätigungen gibt an, wie viele Blöcke der Transaktion in der Blockchain folgen. Je mehr Bestätigungen eine Transaktion hat, desto unwahrscheinlicher ist es, dass sie rückgängig gemacht werden kann. In der Bitcoin-Welt gilt eine Transaktion nach sechs Bestätigungen in der Regel als sicher und irreversibel. Dies ist besonders wichtig für Händler und andere, die sicherstellen müssen, dass die erhaltenen Zahlungen nicht rückgängig gemacht werden können.

Die Geschwindigkeit, mit der eine Transaktion bestätigt wird, hängt von verschiedenen Faktoren ab. Einer davon sind die Transaktionsgebühren, die der Absender bereit ist zu zahlen. Miner wählen oft Transaktionen mit höheren Gebühren für die Aufnahme in den nächsten Block aus, da dies für sie finanziell attraktiver ist. In Zeiten hoher Netzwerkauslastung kann dies dazu führen, dass Transaktionen mit niedrigeren Gebühren länger auf eine Bestätigung warten müssen.

Ein weiterer Faktor, der die Bestätigungszeit beeinflusst, ist die Netzwerkauslastung. Wenn viele Menschen gleichzeitig Transaktionen durchführen, kann der Mempool überfüllt werden, was zu Verzögerungen bei der Bestätigung führt. In solchen Zeiten kann es sinnvoll sein, höhere Gebühren zu zahlen, um eine schnellere Bestätigung zu gewährleisten.

Bitcoin bietet auch die Möglichkeit für komplexe Transaktionen durch die Verwendung von Skripten. Diese Skripten können verschiedene Bedingungen für die Ausführung einer Transaktion festlegen, wie zum Beispiel die Notwendigkeit mehrerer Signaturen oder eine bestimmte zeitliche Verzögerung. Dies erweitert die Verwendungsmöglichkeiten von Bitcoin erheblich und ermöglicht Anwendungen, die über einfache Geldüberweisungen hinausgehen, wie zum Beispiel Smart Contracts oder dezentrale Anwendungen.

Ein interessanter Aspekt der Bestätigungen ist das Konzept der "orphaned" oder "verwaisten" Blöcke. Manchmal lösen zwei Miner fast gleichzeitig einen Block, was zu zwei konkurrierenden Versionen der Blockchain führt. In solchen Fällen entscheidet das Netzwerk durch Konsens, welcher Block der "legitime" ist und fügt ihn zur Hauptkette hinzu. Der andere Block wird verworfen und die darin enthaltenen Transaktionen werden zurück in den Mempool geschickt.

Man kann sagen, dass Transaktionen und Bestätigungen nicht nur technische Prozesse sind, sondern auch wirtschaftliche und soziale Mechanismen beinhalten. Sie sind das Ergebnis eines fein abgestimmten Zusammenspiels von Anreizen und Sicherheitsmaßnahmen, die darauf abzielen, ein robustes, dezentrales Netzwerk zu schaffen. Die Art und Weise, wie Transaktionen und Bestätigungen in Bitcoin und anderen Kryptowährungen implementiert sind, zeigt die durchdachte Architektur und das Potenzial dieser Technologie, weit über den Finanzbereich hinaus Auswirkungen zu haben.

Ein Aspekt, der in der Diskussion um Transaktionen und Bestätigungen oft übersehen wird, ist die Rolle der sogenannten "Full Nodes" im Netzwerk. Diese Knotenpunkte speichern eine vollständige Kopie der Blockchain und helfen bei der Verifizierung von Transaktionen. Wenn eine Transaktion durch das Netzwerk geht, prüfen die Full Nodes nicht nur, ob die Signatur gültig ist, sondern auch, ob die doppelte Ausgabe von Coins verhindert wird. Dies ist entscheidend für die Integrität des gesamten Systems.

Darüber hinaus gibt es auch das Konzept der "Zero-Confirmation"-Transaktionen, bei denen Dienste oder Personen bereit sind, Transaktionen zu akzeptieren, bevor sie in der Blockchain bestätigt wurden. Dies ist natürlich riskanter und wird in der Regel nur für kleinere Beträge oder bei Diensten angewendet, bei denen die Geschwindigkeit wichtiger ist als die absolute Sicherheit.

Ein weiterer interessanter Punkt ist die Möglichkeit der "Off-Chain"-Transaktionen. Diese finden außerhalb der Blockchain statt und werden später in einem aggregierten Format zur Hauptkette hinzugefügt. Dienste wie das Lightning-Netzwerk ermöglichen solche Transaktionen, die fast augenblicklich und oft mit minimalen Gebühren abgewickelt werden können.

Off-Chain-Transaktionen haben das Potenzial, die Skalierbarkeit von Bitcoin erheblich zu verbessern, da sie den Druck von der Hauptkette nehmen.

Die Rolle der Bestätigungen im Kontext von Smart Contracts ist ebenfalls von Bedeutung. In Systemen wie Ethereum können Transaktionen auch die Ausführung von Smart Contracts auslösen, was eine weitere Ebene der Komplexität und Funktionalität hinzufügt. In solchen Fällen ist die Anzahl der Bestätigungen besonders wichtig, da sie die Unveränderlichkeit des Vertrags sicherstellen.

Als letzten Punkt in diesem Kapitel, lässt sich sagen, dass Transaktionen und Bestätigungen in Kryptowährungen weit mehr sind als nur technische Mechanismen. Sie sind vielmehr ein Spiegelbild der vielfältigen Anforderungen und Erwartungen, die Benutzer und Entwickler an diese revolutionäre Technologie haben. Von der Rolle der Full Nodes bis zu den Möglichkeiten der Off-Chain-Transaktionen zeigt sich, dass das Ökosystem ständig innoviert und sich anpasst, um den unterschiedlichen Bedürfnissen seiner Benutzer gerecht zu werden.

Altcoins und die Krypto-Landschaft

Was sind Altcoins?

Altcoins, eine Abkürzung für "alternative Coins", sind Kryptowährungen, die nach dem Vorbild von Bitcoin entwickelt wurden, jedoch bestimmte Modifikationen und Verbesserungen aufweisen. Während Bitcoin als die erste und bekannteste Kryptowährung gilt, haben Altcoins das Krypto-Ökosystem in vielfältiger Weise bereichert und erweitert. Sie bieten eine Reihe von Funktionen, die über das hinausgehen, was Bitcoin bieten kann, von verbesserten Transaktionsgeschwindigkeiten bis hin zu völlig neuen Einsatzmöglichkeiten.

Einige der bekanntesten Altcoins sind Ethereum, Ripple (XRP) und Litecoin. Ethereum zum Beispiel führte das Konzept der Smart Contracts ein, selbstausführende Verträge, die ohne menschliches Eingreifen ablaufen. Dies hat die Tür für dezentrale Anwendungen (dApps) geöffnet und das Potenzial der Blockchain-Technologie weit über einfache Geldtransfers hinaus erweitert. Ripple hingegen zielt darauf ab, den internationalen Geldtransfer zu revolutionieren und bietet Lösungen, die speziell auf Finanzinstitutionen zugeschnitten sind. Litecoin wurde als "leichtere" Version von Bitcoin entwickelt und bietet schnellere Transaktionszeiten.

Altcoins können in verschiedene Kategorien eingeteilt werden, abhängig von ihrer Funktion und ihrem Verwendungszweck. Es gibt beispielsweise Währungs-Altcoins, die ähnlich wie Bitcoin als digitales Geld fungieren. Dann gibt es Token, die in einem bestimmten Projekt oder einer bestimmten Anwendung verwendet werden. Ein gutes Beispiel hierfür sind die ERC-20-

Token, die auf der Ethereum-Plattform laufen. Schließlich gibt es noch Utility-Coins, die eine spezifische Funktion innerhalb eines Ökosystems erfüllen, wie etwa die Bereitstellung von Speicherplatz oder Rechenleistung.

Ein interessanter Trend im Bereich der Altcoins ist das Aufkommen von Stablecoins. Diese sind an traditionelle Währungen wie den US-Dollar gebunden und bieten so eine stabilere Alternative zu den oft volatilen Kryptowährungen. Sie werden oft in Handelsplattformen als Tauschmittel verwendet und können auch als sichere Anlage in Zeiten hoher Volatilität dienen.

Die Entwicklung von Altcoins ist jedoch nicht ohne Kontroversen. Da der Markt für Kryptowährungen weitgehend unreguliert ist, gibt es zahlreiche Beispiele für sogenannte "Scam-Coins", die lediglich dazu dienen, unerfahrene Anleger auszunutzen. Darüber hinaus führt die schiere Anzahl von Altcoins zu einer Fragmentierung des Marktes, was es für Anleger schwierig macht, die besten Investitionsmöglichkeiten zu identifizieren.

Trotz dieser Herausforderungen haben Altcoins das Potenzial, das Krypto-Ökosystem in vielfältiger Weise zu bereichern. Sie bieten nicht nur neue Funktionen und Möglichkeiten, sondern tragen auch zur Weiterentwicklung der zugrunde liegenden Blockchain-Technologie bei. Durch die Einführung neuer Konsensmechanismen, die Verbesserung der Skalierbarkeit oder die Schaffung neuer Anwendungsfälle für die Blockchain können Altcoins dazu beitragen, die Akzeptanz von Kryptowährungen im Mainstream zu fördern.

In der Welt der Altcoins zeigt sich die Kreativität und Innovationskraft, die das Krypto-Ökosystem so faszinierend machen.

Von der Lösung realer Probleme bis hin zur Erschließung neuer Märkte und Anwendungsfälle bieten sie eine spannende Ergänzung zu Bitcoin und eröffnen neue Horizonte für Anleger und Entwickler gleichermaßen.

Beliebte Altcoins und ihre Besonderheiten

Im dynamischen Universum der Kryptowährungen nehmen Altcoins eine besondere Stellung ein. Sie sind nicht nur Alternativen zu Bitcoin, sondern oft auch Pioniere bei der Einführung neuer Technologien oder Konzepte. Einige der populärsten Altcoins, die in der Krypto-Community für Aufsehen sorgen, sind Ethereum, Cardano und Binance Coin.

Ethereum hat sich als die führende Plattform für Smart Contracts und dezentrale Anwendungen etabliert. Was Ethereum besonders macht, ist die Einführung der Ethereum Virtual Machine (EVM), die es Entwicklern ermöglicht, komplexe Anwendungen direkt auf der Blockchain zu erstellen. Dies hat zur Entstehung eines ganzen Ökosystems von dApps und ERC-20-Token geführt, die für alles von dezentralen Finanzen (DeFi) bis hin zu digitalen Sammlerstücken verwendet werden.

Cardano unterscheidet sich von anderen Altcoins durch seinen wissenschaftlichen Ansatz. Das Projekt wurde von einer Gruppe von Ingenieuren und Akademikern mit dem Ziel ins Leben gerufen, eine skalierbare und sichere Blockchain-Plattform zu schaffen. Cardano verwendet einen einzigartigen Konsensmechanismus namens Ouroboros, der als einer der energieeffizientesten in der Krypto-Welt gilt. Dies macht Cardano zu einer attraktiven Option für diejenigen, die sich um die Umweltauswirkungen von Kryptowährungen sorgen.

Binance Coin, ursprünglich als Utility-Token für die Binance-Kryptowährungsbörse eingeführt, hat sich zu einer eigenen

Blockchain-Plattform entwickelt. Mit der Einführung des Binance Smart Chain (BSC) können Entwickler nun auch Smart Contracts und dApps auf dieser Plattform erstellen. Was Binance Coin so interessant macht, ist seine enge Verbindung zu einer der größten Kryptobörsen der Welt, was ihm eine natürliche Benutzerbasis und zahlreiche Anwendungsfälle verschafft.

Neben diesen Schwergewichten gibt es auch kleinere Altcoins, die für spezifische Nischen oder Anwendungsfälle entwickelt wurden. Ein Beispiel ist Chainlink, das sich auf die Schaffung sicherer und zuverlässiger Orakel für Smart Contracts konzentriert. Orakel sind externe Datenquellen, die Smart Contracts mit Informationen aus der realen Welt versorgen. Chainlink löst das Problem der Datenintegrität und ermöglicht komplexere und nützlichere Smart Contracts.

Ein weiterer bemerkenswerter Altcoin ist Polkadot, der die Interoperabilität zwischen verschiedenen Blockchains ermöglicht. In einer Welt, in der es Hunderte von Blockchains gibt, die nicht miteinander kommunizieren können, bietet Polkadot eine Lösung, die es ermöglicht, dass diese unterschiedlichen Netzwerke in einer dezentralen Weise zusammenarbeiten.

Die Vielfalt der Altcoins zeigt die Breite der Möglichkeiten, die die Blockchain-Technologie bietet. Jeder dieser Altcoins bringt seine eigenen Innovationen und Verbesserungen in das Krypto-Ökosystem ein und erweitert damit die Grenzen dessen, was möglich ist. Ob es um die Schaffung dezentraler Finanzsysteme, die Verbesserung der Datensicherheit oder die Ermöglichung der Interoperabilität zwischen verschiedenen Blockchains geht, Altcoins sind mehr als nur digitales Geld. Sie sind Werkzeuge, die das Potenzial haben, die Art und Weise, wie wir Technologie nutzen und verstehen, grundlegend zu verändern.

Widmen wir uns der Rolle der Community und der Entwickler hinter diesen Projekten zu. Bei Dogecoin zum Beispiel begann alles als Scherz, doch die starke und engagierte Community hat es zu einer der bekanntesten Kryptowährungen gemacht. Die Community organisiert Spendenaktionen, fördert soziale Projekte und hat sogar ein NASCAR-Auto gesponsert. Dies zeigt, dass der Wert einer Kryptowährung nicht nur in ihrer Technologie, sondern auch in der Gemeinschaft, die sie unterstützt, liegen kann.

Ein weiterer interessanter Altcoin ist Monero, der sich auf Datenschutz und Anonymität spezialisiert hat. Im Gegensatz zu Bitcoin, wo alle Transaktionen öffentlich und nachverfolgbar sind, bietet Monero verbesserte Privatsphäre durch den Einsatz von Ring-Signaturen und Stealth-Adressen. Dies macht Monero zu einer bevorzugten Wahl für diejenigen, die Wert auf Privatsphäre legen, aber es wirft auch ethische Fragen auf, da es für illegale Aktivitäten missbraucht werden könnte.

Die Governance-Struktur ist ein weiterer Faktor, der bei der Beurteilung von Altcoins berücksichtigt werden sollte. Einige Altcoins, wie etwa Decred und Tezos, haben Governance-Modelle eingeführt, die es den Token-Inhabern ermöglichen, direkt über Änderungen im Protokoll abzustimmen. Dies schafft ein demokratischeres und inklusiveres Ökosystem, kann aber auch zu Spaltungen und Kontroversen führen, wenn nicht alle Stakeholder die gleichen Ziele verfolgen.

Nicht zu vergessen sind auch die Altcoins, die sich auf spezifische Wirtschaftszweige oder Anwendungsfälle konzentrieren. VeChain zum Beispiel fokussiert sich auf die Lieferkettenverwaltung und hat Partnerschaften mit großen Unternehmen wie BMW und Walmart. Durch die Nutzung der Blockchain-Technologie strebt VeChain eine transparentere und effizientere Lieferkette an, was in der modernen globalisierten Wirtschaft von unschätzbarem Wert ist.

Die Welt der Altcoins ist also nicht nur technologisch vielfältig, sondern auch in Bezug auf die Gemeinschaften, die sie prägen, und die Probleme, die sie zu lösen versuchen. Von der Förderung der Privatsphäre und Sicherheit bis hin zur Demokratisierung der Entscheidungsfindung und der Lösung realwirtschaftlicher Probleme bieten Altcoins eine Fülle von Möglichkeiten, die weit über das hinausgehen, was Bitcoin allein erreichen könnte. Sie sind ein Beweis für die adaptiven und innovativen Eigenschaften der Krypto-Welt, die ständig neue Wege findet, um den unterschiedlichsten Bedürfnissen und Herausforderungen gerecht zu werden.

Smart Contracts und Dapps

Was sind Smart Contracts?

Smart Contracts sind ein faszinierendes und revolutionäres Element im Bereich der Kryptowährungen und der Blockchain-Technologie. Sie sind selbstausführende Verträge, deren Vertragsbedingungen direkt in Code geschrieben sind. Dieser Code wird auf einer Blockchain gespeichert und ausgeführt, was die Notwendigkeit eines Mittelsmanns oder einer zentralen Autorität eliminiert. Die Idee hinter Smart Contracts ist nicht neu und wurde erstmals 1994 von Nick Szabo, einem Informatiker und Kryptographen, vorgestellt. Doch erst mit der Einführung von Ethereum und der Ethereum Virtual Machine (EVM) wurde das Konzept in die Praxis umgesetzt.

Einer der Hauptvorteile von Smart Contracts ist die Transparenz. Da der Vertrag auf der Blockchain gespeichert ist, kann jeder die Bedingungen des Vertrags einsehen. Dies schafft ein hohes Maß an Vertrauen zwischen den Vertragsparteien, da Manipulationen oder Betrug nahezu ausgeschlossen sind. Darüber hinaus sind Smart Contracts unveränderlich. Sobald sie auf der Blockchain sind, können sie nicht mehr geändert oder gelöscht werden, es sei denn, der Vertrag selbst enthält Mechanismen für solche Änderungen.

Die Anwendungsbereiche für Smart Contracts sind vielfältig. Sie reichen von einfachen Transaktionen wie dem Kauf und Verkauf von Gütern bis hin zu komplexen Anwendungen in der Finanzwelt, dem Gesundheitswesen und sogar im Wahlwesen. In der Finanzbranche werden sie beispielsweise für den automatisierten Handel, für Darlehen und für Versicherungen verwendet. Im Gesundheitswesen könnten sie dazu dienen, den Zugang zu medizinischen Aufzeichnungen zu regeln, während sie im Wahlwesen als Mittel zur Schaffung eines transparenten und fälschungssicheren Abstimmungssystems dienen könnten.

Trotz der vielen Vorteile sind Smart Contracts nicht ohne Herausforderungen und Risiken. Einer der Hauptnachteile ist die Schwierigkeit, den Code fehlerfrei zu gestalten. Fehler im Code können zu unerwünschten Ergebnissen führen, und da Smart Contracts unveränderlich sind, können solche Fehler nicht einfach korrigiert werden. Dies wurde deutlich im Fall des DAO-Hacks im Jahr 2016, bei dem ein Fehler im Smart Contract dazu führte, dass Millionen von Dollar in Ethereum gestohlen wurden.

Ein weiterer Punkt, der Beachtung verdient, ist die rechtliche Anerkennung von Smart Contracts. Während sie in der Krypto-Community weitgehend akzeptiert sind, ist ihre rechtliche Stellung in vielen Ländern noch unklar. Es gibt Bemühungen, dies zu ändern, aber es wird noch einige Zeit dauern, bis Smart Contracts als rechtlich bindende Verträge anerkannt sind.

Smart Contracts sind ein Paradebeispiel für die disruptiven Möglichkeiten der Blockchain-Technologie. Sie haben das Potenzial, traditionelle Vertragsformen und -prozesse grundlegend zu verändern und könnten in einer Vielzahl von Sektoren für mehr Effizienz, Transparenz und Sicherheit sorgen. Dabei sind sie nicht nur ein technologisches Werkzeug, sondern auch ein soziales Instrument, das die Art und Weise, wie Menschen und Organisationen interagieren und Geschäfte tätigen, neu definieren könnte. Sie sind ein spannendes Feld für Entwickler, Juristen und Unternehmer gleichermaßen und werden sicherlich in den kommenden Jahren weiter an Bedeutung gewinnen.

Dezentrale Anwendungen (DApps) verstehen

Dezentrale Anwendungen, besser bekannt als DApps, sind ein integraler Bestandteil des Ökosystems der Blockchain-Technologie. Im Gegensatz zu herkömmlichen Anwendungen, die auf zentralen Servern laufen, operieren DApps auf einer Blockchain. Dies ermöglicht ihnen, von den Vorteilen der Dezentralisierung zu profitieren, darunter erhöhte Sicherheit, Transparenz und die Unmöglichkeit der Zensur. Die Grundidee ist, dass die Kontrolle und das Management der Anwendung nicht in den Händen einer einzigen Entität liegen, sondern auf viele verschiedene Knotenpunkte verteilt sind.

Die meisten DApps werden auf Plattformen wie Ethereum entwickelt, die speziell für die Erstellung von Smart Contracts und dezentralen Anwendungen konzipiert wurden. Ethereum bietet eine voll funktionsfähige Turing-vollständige Programmiersprache, die es Entwicklern ermöglicht, komplexe Anwendungen mit einer Vielzahl von Funktionen zu erstellen. Andere Plattformen wie EOS oder Tron bieten ähnliche Funktionalitäten, unterscheiden sich jedoch in Bezug auf Skalierbarkeit, Konsensmechanismen und andere technische Aspekte.

Ein interessanter Aspekt von DApps ist die Möglichkeit, sogenannte Token zu verwenden. Diese fungieren oft als eine Art von internem Währungssystem, das den Zugang zu bestimmten Funktionen der Anwendung regelt. Token können auch als Anreiz für die Benutzer dienen, bestimmte Aktionen innerhalb der Anwendung auszuführen. Dies schafft ein Ökosystem, in dem die Benutzer nicht nur Konsumenten, sondern auch aktive Teilnehmer sind, die zur Wertsteigerung der Anwendung beitragen können.

Die Anwendungsfälle für DApps sind vielfältig und reichen von dezentralen Börsen und Finanzdienstleistungen bis hin zu spielen, sozialen Netzwerken und sogar dezentralen autonomen Organisationen (DAOs). Diese Organisationen sind im Grunde genommen Unternehmen, die vollständig auf einer Blockchain operieren und durch Smart Contracts und Token-Ökonomien gesteuert werden. Sie ermöglichen eine neue Form der Unternehmensführung, die demokratischer und transparenter ist als traditionelle Modelle.

Natürlich gibt es auch Herausforderungen bei der Entwicklung und Implementierung von DApps. Eine der größten ist die Skalierbarkeit. Da alle Transaktionen und Smart Contracts auf der Blockchain verifiziert werden müssen, kann dies zu Verzögerungen und hohen Gebühren führen, insbesondere wenn das Netzwerk überlastet ist. Verschiedene Lösungsansätze wie Sharding oder Layer-2-Lösungen werden derzeit erforscht, um dieses Problem zu beheben.

Ein weiterer Punkt, der Beachtung verdient, ist die Benutzerfreundlichkeit. Viele DApps sind für den durchschnittlichen Benutzer noch zu kompliziert und erfordern ein gewisses Maß an technischem Verständnis. Dies ist eine Hürde für die Massenakzeptanz, aber es gibt bereits zahlreiche Initiativen, die darauf abzielen, die Benutzererfahrung zu verbessern.

DApps repräsentieren eine aufregende Entwicklung in der Welt der Technologie und haben das Potenzial, viele Aspekte unseres täglichen Lebens zu verändern. Sie bieten die Möglichkeit für mehr Benutzerbeteiligung, Transparenz und Dezentralisierung in einer Vielzahl von Anwendungsfällen. Dabei sind sie nicht nur ein technisches, sondern auch ein soziales Experiment, das die Art und Weise, wie wir über Anwendungen und Dienstleistungen denken, neu definieren könnte. Sie sind ein lebendiges Beispiel für die Innovationskraft der Blockchain-Technologie und ein spannendes Feld für zukünftige Entwicklungen.

Ein weiteres interessantes Merkmal von DApps ist ihre Fähigkeit, Governance-Modelle zu implementieren, die die Community in Entscheidungsprozesse einbeziehen. Durch die Verwendung von Token können Benutzer abstimmen und so die Richtung der Anwendung beeinflussen. Dies schafft eine demokratische Umgebung, in der die Macht nicht nur bei den Entwicklern oder einer zentralen Instanz liegt. In einigen Fällen können DApps sogar so programmiert werden, dass sie sich selbst aktualisieren oder modifizieren, basierend auf den Entscheidungen der Community.

Die Interoperabilität zwischen verschiedenen DApps und Blockchains ist ebenfalls ein Thema von wachsender Bedeutung. Mit dem Aufkommen von Cross-Chain-Technologien und Brücken zwischen verschiedenen Blockchains wird es immer einfacher, DApps zu schaffen, die auf mehreren Netzwerken funktionieren. Dies erweitert nicht nur die Reichweite und Funktionalität der Anwendungen, sondern ermöglicht auch neue Formen der Zusammenarbeit und des Datenaustauschs.

Datenschutz und Anonymität sind weitere Bereiche, in denen DApps eine Rolle spielen können. Durch die Verwendung von Zero-Knowledge-Proofs oder anderen Datenschutztechnologien können DApps Transaktionen und Interaktionen durchführen, ohne sensible Informationen preiszugeben. Dies ist besonders wichtig in einer Zeit, in der Datenschutz und die Sicherheit persönlicher Informationen zu einem globalen Anliegen geworden sind.

Die Monetarisierung von DApps stellt eine eigene Herausforderung dar. Während traditionelle Apps in der Regel durch Werbung oder In-App-Käufe Geld verdienen, müssen DApps oft kreative Wege finden, um rentabel zu sein. Einige nutzen Token-Ökonomien, um Benutzer für ihre Teilnahme zu belohnen, während andere Gebühren für spezielle Dienstleistungen oder Funktionen erheben. Es gibt auch

Modelle, die auf Spenden oder Crowdfunding angewiesen sind, um die Entwicklung und den Betrieb der Anwendung zu finanzieren.

Die Entwicklung von DApps steht noch am Anfang, aber das Potenzial für transformative Veränderungen in vielen Sektoren ist unbestreitbar. Von der Gesundheitsversorgung und Bildung bis hin zur Logistik und dem Einzelhandel könnten DApps die Art und Weise, wie wir interagieren und Geschäfte tätigen, grundlegend verändern. Sie könnten uns auch die Werkzeuge an die Hand geben, um komplexere soziale Strukturen und Organisationen zu schaffen, die auf Kooperation und gemeinschaftlicher Entscheidungsfindung basieren. In einer Welt, die immer vernetzter und komplizierter wird, bieten DApps die Möglichkeit, mehr Kontrolle und Autonomie zurückzugewinnen. Sie könnten uns letztlich dabei helfen, eine gerechtere und nachhaltigere Gesellschaft zu schaffen.

Kryptowährungen und Regulierung

Gesetzliche Rahmenbedingungen

Die gesetzlichen Rahmenbedingungen für Kryptowährungen und Blockchain-Technologien sind ein dynamisches Feld, das sich ständig weiterentwickelt. In Deutschland und der Europäischen Union werden fortlaufend neue Gesetze und Verordnungen erlassen, die sowohl Chancen als auch Herausforderungen für die Akteure in diesem Sektor darstellen. Eines der Hauptanliegen der Regulierungsbehörden ist der Verbraucherschutz. Durch die Einführung von Lizenzierungsverfahren für Krypto-Börsen und Wallet-Anbieter soll sichergestellt werden, dass die Nutzer vor Betrug und anderen Risiken geschützt sind. Diese Lizenzen erfordern in der Regel strenge Sicherheitsmaßnahmen und Transparenz in Bezug auf die Geschäftspraktiken.

Ein weiterer Schwerpunkt der Regulierung liegt auf der Bekämpfung von Geldwäsche und Terrorismusfinanzierung. Hierzu gehört die Einführung von Know-Your-Customer (KYC) und Anti-Money-Laundering (AML) Verfahren, die von Krypto-Börsen und anderen Dienstleistern umgesetzt werden müssen. Diese Verfahren erfordern die Identifizierung und Überprüfung der Kunden, bevor sie Transaktionen durchführen können. In Deutschland ist die Bundesanstalt für Finanzdienstleistungsaufsicht (BaFin) für die Überwachung dieser Aktivitäten zuständig und hat bereits eine Reihe von Leitlinien und Vorschriften in diesem Bereich veröffentlicht.

Die steuerlichen Aspekte von Kryptowährungen sind ebenfalls ein wichtiger Bestandteil der gesetzlichen Rahmenbedingungen. In Deutschland werden Kryptowährungen als privates Veräußerungsgut betrachtet, was bedeutet, dass Gewinne aus dem Verkauf von Kryptowährungen nach einer Haltefrist von einem Jahr steuerfrei sind. Allerdings müssen alle Transaktionen sorgfältig dokumentiert werden, um im Falle einer Steuerprüfung den Nachweis erbringen zu können.

Die Regulierung von Initial Coin Offerings (ICOs) und Token Sales stellt eine weitere Herausforderung dar. Diese Finanzierungsformen haben in den letzten Jahren an Popularität gewonnen, aber sie bewegen sich oft in einer rechtlichen Grauzone. Die BaFin und andere europäische Regulierungsbehörden haben bereits mehrere Leitlinien und Entscheidungen veröffentlicht, die darauf abzielen, den Investorenschutz zu verbessern und die Risiken dieser Finanzierungsformen zu minimieren.

Die Einbindung von Smart Contracts und dezentralen Anwendungen (DApps) in bestehende rechtliche Strukturen ist ein weiteres spannendes Thema. Da Smart Contracts automatisch ausgeführt werden, ohne dass eine zentrale Partei involviert ist, stellen sie eine Reihe von rechtlichen und ethischen Fragen. Zum Beispiel, wer ist verantwortlich, wenn ein Smart Contract fehlerhaft ist oder missbraucht wird?

Die Regulierung von Kryptowährungen und Blockchain-Technologien ist ein zweischneidiges Schwert. Einerseits bietet sie die Möglichkeit, Verbraucher zu schützen und das Vertrauen in diese neuen Technologien zu stärken. Andererseits besteht die Gefahr, dass zu strenge Regulierungen Innovationen ersticken und die Entwicklung dieses vielversprechenden Sektors behindern könnten. Es ist daher entscheidend, einen ausgewogenen Ansatz zu finden, der sowohl die Sicherheit der Verbraucher als auch die Innovationskraft der Branche fördert.

Die Regulierung von Kryptowährungen ist nicht nur auf nationaler Ebene ein Thema, sondern auch international. Organisationen wie die Financial Action Task Force (FATF) setzen Standards, die weltweit von den Mitgliedsländern umgesetzt werden sollen. Diese internationalen Abkommen und Empfehlungen haben direkte Auswirkungen auf die Gesetzgebung in Deutschland und der EU. Sie beeinflussen, wie Krypto-Börsen und Wallet-Anbieter operieren, insbesondere wenn sie grenzüberschreitende Dienstleistungen anbieten.

Ein weiterer wichtiger Punkt ist die Rolle der Zentralbanken. Während Kryptowährungen als dezentrale Währungen konzipiert sind, überlegen Zentralbanken wie die Europäische Zentralbank (EZB) und die Deutsche Bundesbank die Einführung von digitalen Zentralbankwährungen (CBDCs). Diese könnten parallel zu Kryptowährungen existieren und würden unter die Kontrolle der jeweiligen Zentralbank fallen. Die Einführung von CBDCs könnte die Regulierungslandschaft erheblich verändern und neue Herausforderungen für Kryptowährungen darstellen.

Die Frage der Datensicherheit und des Datenschutzes ist ebenfalls von Bedeutung. Da Blockchain-Technologien in der Regel transparent und unveränderlich sind, ergeben sich Fragen zur Einhaltung der Datenschutz-Grundverordnung (DSGVO). Wie können personenbezogene Daten geschützt werden, wenn sie auf einer Blockchain gespeichert sind? Dies ist eine Frage, die sowohl von technischen als auch von rechtlichen Experten intensiv diskutiert wird.

Die Interaktion zwischen Kryptowährungen und traditionellen Finanzinstrumenten ist ein weiteres Feld, das reguliert werden muss. Wie werden Krypto-Derivate behandelt? Gibt es Möglichkeiten, Kryptowährungen als Sicherheiten für Kredite zu verwenden?

Diese und ähnliche Fragen müssen geklärt werden, um eine vollständige Integration von Kryptowährungen in das bestehende Finanzsystem zu ermöglichen.

Zum Schluss möchte ich darauf hinweisen, dass die Regulierung ein fortlaufender Prozess ist, der sich an die Entwicklungen im Markt anpassen muss. Die Gesetzgeber stehen vor der Herausforderung, eine Balance zwischen der Förderung von Innovation und dem Schutz der Verbraucher zu finden. Dabei dürfen sie nicht den Fehler machen, Technologien zu überregulieren, die das Potenzial haben, unser Verständnis von Geld und Finanztransaktionen grundlegend zu verändern.

Kryptowährungen und Steuern

Das Thema Kryptowährungen und Steuern ist ein facettenreiches Feld, das für Anleger, aber auch für Steuerberater und Finanzämter gleichermaßen von Bedeutung ist. In Deutschland werden Kryptowährungen als immaterielle Wirtschaftsgüter eingestuft. Das hat zur Folge, dass sie steuerlich ähnlich behandelt werden wie andere Kapitalanlagen. Wenn Sie also Bitcoin, Ethereum oder andere Kryptowährungen kaufen und später mit Gewinn verkaufen, fällt darauf in der Regel die Abgeltungssteuer von 25 Prozent an. Hinzu kommen der Solidaritätszuschlag und gegebenenfalls die Kirchensteuer.

Doch die steuerliche Behandlung von Kryptowährungen ist nicht nur auf den Kauf und Verkauf beschränkt. Auch das sogenannte Mining, bei dem neue Einheiten einer Kryptowährung geschaffen werden, ist steuerlich relevant. In diesem Fall kann es sich um gewerbliche Einkünfte handeln, die entsprechend zu versteuern sind. Das Finanzamt wird hierbei insbesondere auf die Nachhaltigkeit und die Gewinnerzielungsabsicht der Tätigkeit abstellen.

Ein weiterer Punkt, der oft übersehen wird, ist die Besteuerung von Transaktionen, die nicht in Euro oder einer anderen Fiat-Währung, sondern direkt in Kryptowährungen abgewickelt werden. Wenn Sie beispielsweise Dienstleistungen anbieten und dafür in Bitcoin bezahlt werden, müssen Sie den Gegenwert der erhaltenen Kryptowährung zum Zeitpunkt des Zuflusses als Einnahme verbuchen. Dieser Betrag ist dann entsprechend zu versteuern.

Die steuerliche Behandlung von sogenannten Hard Forks und Airdrops, bei denen Inhabern einer bestimmten Kryptowährung automatisch neue Token zugeteilt werden, ist ebenfalls ein interessantes Thema. In Deutschland wird die kostenlose Zuteilung in der Regel als sonstige Einkünfte angesehen und muss dementsprechend versteuert werden.

Nicht zu vergessen sind die Aufzeichnungspflichten. Wer mit Kryptowährungen handelt, sollte sämtliche Transaktionen lückenlos dokumentieren. Das erleichtert nicht nur die Steuererklärung, sondern ist auch im Falle einer Betriebsprüfung durch das Finanzamt von Vorteil. Digitale Steuer-Tools können hierbei eine wertvolle Unterstützung bieten.

Die steuerliche Behandlung von Kryptowährungen ist also alles andere als trivial und erfordert eine sorgfältige Planung sowie eine genaue Dokumentation. Es ist ratsam, sich frühzeitig mit einem Steuerberater abzustimmen, der sich in diesem speziellen Bereich auskennt. Nur so können Sie sicherstellen, dass Sie alle steuerlichen Vorteile nutzen und gleichzeitig keine unangenehmen Überraschungen erleben.

Ein weiteres Feld, das in der steuerlichen Behandlung von Kryptowährungen oft übersehen wird, ist die Frage der Veräußerungsfristen. In Deutschland gilt für private Veräußerungsgeschäfte eine Spekulationsfrist von einem Jahr. Das bedeutet, wenn Sie eine Kryptowährung länger als ein Jahr halten, sind die daraus resultierenden Gewinne steuerfrei. Aber Vorsicht: Diese Regelung gilt nicht für gewerbliche Anleger oder für Personen, die das Mining von Kryptowährungen als gewerbliche Tätigkeit ausüben.

Darüber hinaus ist die Frage der steuerlichen Behandlung von Verlusten aus Kryptowährungsgeschäften von Bedeutung. Verluste können mit Gewinnen aus anderen privaten Veräußerungsgeschäften verrechnet werden. Das ist besonders interessant für Anleger, die ein diversifiziertes Portfolio haben. Allerdings ist die Verlustverrechnung nur möglich, wenn die Transaktionen auch korrekt dokumentiert sind.

Ein weiterer Punkt, der für viele Anleger von Interesse sein dürfte, ist die steuerliche Behandlung von Kryptowährungen im Erbfall. Wenn Kryptowährungen vererbt werden, fallen sie unter die Erbschaftssteuer. Der Wert der Kryptowährung wird zum Zeitpunkt des Todes des Erblassers festgestellt und dient als Grundlage für die Berechnung der Erbschaftssteuer. Es ist daher ratsam, auch für den Erbfall Vorsorge zu treffen und entsprechende Regelungen im Testament festzuhalten.

Auch die Frage der Umsatzsteuer darf nicht außer Acht gelassen werden. Nach einem Urteil des Europäischen Gerichtshofs aus dem Jahr 2015 sind Umtauschdienste von Fiat-Währungen in Kryptowährungen und umgekehrt von der Umsatzsteuer befreit. Das hat zur Folge, dass der Kauf und Verkauf von Kryptowährungen in der Regel nicht umsatzsteuerpflichtig ist.

Ich möchte noch auf die internationale Dimension eingehen. Wenn Sie Kryptowährungen auf einer ausländischen Börse handeln oder Ihr Wallet bei einem ausländischen Anbieter liegt, kann das steuerliche Konsequenzen haben. In einigen Fällen könnte es sogar notwendig sein, eine Steuererklärung im jeweiligen Land abzugeben.

Daher ist es sinnvoll, sich auch mit den steuerlichen Regelungen im Ausland vertraut zu machen und gegebenenfalls rechtlichen Rat einzuholen.

In diesem sich ständig verändernden Umfeld ist es unerlässlich, immer auf dem Laufenden zu bleiben und die eigenen steuerlichen Pflichten ernst zu nehmen. Dabei kann professionelle Beratung eine wertvolle Hilfe sein, um nicht nur Steuern zu sparen, sondern auch um sicherzustellen, dass alle gesetzlichen Anforderungen erfüllt sind. So können Sie sich auf das konzentrieren, was wirklich zählt: Ihre Investitionen in die Welt der Kryptowährungen.

Selbstverständlich möchte ich betonen, dass ich kein Steuerberater bin und die hier dargelegten Informationen lediglich allgemeiner Natur sind. Sie dienen dem Verständnis und der Orientierung im komplexen Feld der Kryptowährungen und ihrer steuerlichen Behandlung. Diese Informationen ersetzen keinesfalls eine individuelle Beratung durch einen qualifizierten Steuerberater oder Rechtsanwalt. Steuerrecht ist ein komplexes und sich ständig wandelndes Gebiet, und jeder Einzelfall kann Besonderheiten aufweisen, die in einer allgemeinen Darstellung nicht berücksichtigt werden können.

Wenn Sie in Kryptowährungen investieren oder anderweitig damit handeln, ist es dringend ratsam, professionelle steuerliche Beratung in Anspruch zu nehmen. Nur ein qualifizierter Steuerberater kann Ihre persönliche Situation umfassend beurteilen und Sie entsprechend beraten. Fehler oder Versäumnisse in steuerlichen Angelegenheiten können zu erheblichen Nachzahlungen und Strafen führen. Daher ist es unerlässlich, sich von einem Experten beraten zu lassen, um alle gesetzlichen Anforderungen korrekt zu erfüllen.

Bitte beachten Sie auch, dass die steuerlichen Regelungen und Gesetze sich ändern können und die hier dargelegten Informationen möglicherweise nicht mehr aktuell sind. Es ist daher wichtig, sich regelmäßig über die neuesten Entwicklungen zu informieren und gegebenenfalls Ihre steuerliche Strategie anzupassen. Ein Steuerberater kann Sie dabei unterstützen und sicherstellen, dass Sie alle Möglichkeiten zur Optimierung Ihrer Steuerlast kennen und nutzen.

Sicherheit und Risikomanagement

Wie man seine Kryptowährungen sicher aufbewahrt

Die Sicherheit von Kryptowährungen ist ein Thema, das sowohl für Einsteiger als auch für erfahrene Anleger von großer Bedeutung ist. Im digitalen Zeitalter, in dem Cyberangriffe und Betrugsfälle immer häufiger werden, ist die sichere Aufbewahrung Ihrer Kryptowährungen von entscheidender Bedeutung. Dabei spielen sowohl technische als auch menschliche Faktoren eine Rolle.

Beginnen wir mit den verschiedenen Arten der Aufbewahrung. Hardware-Wallets gelten als eine der sichersten Methoden zur Aufbewahrung von Kryptowährungen. Diese physischen Geräte sind von Ihrem Computer getrennt und daher weniger anfällig für Hackerangriffe. Sie erfordern eine physische Bestätigung für jede Transaktion, was einen zusätzlichen Schutz gegen unbefugten Zugriff bietet. In Deutschland sind Hardware-Wallets wie Ledger und Trezor sehr beliebt und bieten eine hohe Sicherheitsstufe.

Software-Wallets sind eine weitere Option und sind in der Regel einfacher zu bedienen als Hardware-Wallets. Sie sind jedoch anfälliger für Angriffe, da sie auf dem Computer oder Smartphone des Benutzers installiert sind. Hier ist es entscheidend, regelmäßige Software-Updates durchzuführen und starke Passwörter zu verwenden. Einige Software-Wallets bieten auch die Möglichkeit der Zwei-Faktor-Authentifizierung, die einen zusätzlichen Schutz bietet.

Die Wahl des richtigen Exchanges ist ebenfalls ein wichtiger Faktor. Während es verlockend sein mag, einen Exchange aufgrund niedriger Gebühren oder einer breiten Palette von handelbaren Kryptowährungen zu wählen, sollte die Sicherheit immer an erster Stelle stehen. Achten Sie auf Exchanges, die in Deutschland oder der EU reguliert sind und die notwendigen Sicherheitsmaßnahmen wie Cold Storage und Versicherungen bieten.

Neben der Wahl des richtigen Aufbewahrungsortes ist es auch wichtig, sich Gedanken über die langfristige Aufbewahrung zu machen. Was passiert mit Ihren Kryptowährungen, wenn Ihnen etwas zustößt? Hier kommen Erbschaftsplanung und die sichere Aufbewahrung von Zugangsinformationen ins Spiel. Ein Testament, das Anweisungen für den Zugriff auf Ihre Kryptowährungen enthält, kann hier von unschätzbarem Wert sein.

Die menschliche Komponente darf nicht unterschätzt werden. Phishing-Angriffe, bei denen Betrüger versuchen, Ihre Zugangsdaten zu erhalten, sind weit verbreitet. Seien Sie immer vorsichtig, wenn Sie E-Mails oder Nachrichten erhalten, die Sie auffordern, persönliche Informationen preiszugeben oder auf einen Link zu klicken. Bildung und Aufklärung sind hier entscheidende Faktoren. Es gibt zahlreiche Ressourcen und Kurse, auch in deutscher Sprache, die Ihnen helfen können, die Grundlagen der Kryptosicherheit zu verstehen.

Die Sicherheit Ihrer Kryptowährungen erfordert eine kontinuierliche Anstrengung. Es ist nicht nur eine Frage der richtigen Technologie, sondern auch des richtigen Verhaltens. Durch die Kombination von technischen und menschlichen Sicherheitsmaßnahmen können Sie das Risiko minimieren und Ihre Kryptowährungen effektiv schützen. Und während die Technologie und die Bedrohungslandschaft sich weiterentwickeln, ist es entscheidend, immer auf dem neuesten Stand zu bleiben und Ihre Sicherheitsmaßnahmen entsprechend anzupassen. So können Sie mit Zuversicht in die Zukunft der Kryptowährungen blicken.

Die Verwendung von Multi-Signatur-Wallets stellt eine weitere Ebene der Sicherheit dar, die insbesondere für Unternehmen und Anleger mit großen Krypto-Beständen von Bedeutung ist. Bei dieser Methode sind mehrere private Schlüssel erforderlich, um eine Transaktion zu autorisieren. Dies minimiert das Risiko eines einzelnen Angriffspunkts und erhöht die Sicherheit erheblich. In Deutschland gibt es bereits eine Reihe von Dienstleistern, die Multi-Signatur-Lösungen anbieten, und diese Technologie wird zunehmend auch von Privatanlegern genutzt.

Ein weiterer Punkt, der oft übersehen wird, ist die physische Sicherheit der Geräte, auf denen Kryptowährungen gespeichert oder gehandelt werden. Ein verlorener oder gestohlener Computer kann genauso katastrophal sein wie ein Hackerangriff. Daher ist es ratsam, physische Sicherheitsmaßnahmen wie Tresore oder spezielle Aufbewahrungsorte in Betracht zu ziehen. Einige Anleger gehen sogar so weit, ihre Hardware-Wallets in Bankschließfächern zu lagern.

Die Netzwerksicherheit ist ebenfalls ein kritischer Faktor. Ein sicher konfiguriertes Heimnetzwerk mit einer Firewall und einem starken Passwort kann den ersten Schutzwall gegen Eindringlinge bilden. VPN-Dienste können zusätzliche Anonymität und Sicherheit bieten, insbesondere wenn Sie sich von öffentlichen Netzwerken aus anmelden müssen. In Deutschland sind VPN-Dienste weit verbreitet und leicht zugänglich, was sie zu einer praktikablen Option für zusätzliche Sicherheit macht.

Die psychologischen Aspekte der Kryptosicherheit sind ebenfalls nicht zu vernachlässigen. Die Fähigkeit, in Stresssituationen einen kühlen Kopf zu bewahren, kann entscheidend sein. Beispielsweise kann Panikverkauf nach einer Nachricht über einen Hack oder ein Marktcrash oft mehr Schaden anrichten als der Vorfall selbst. Daher ist es wichtig, sich emotional von seinen Investments zu distanzieren und rationale Entscheidungen zu treffen.

Die Einhaltung von Vorschriften und Gesetzen ist ein weiterer wichtiger Punkt. In Deutschland unterliegen Kryptowährungen bestimmten steuerlichen und rechtlichen Rahmenbedingungen. Die Nichtbeachtung dieser Vorschriften kann nicht nur zu finanziellen Strafen führen, sondern auch die Sicherheit Ihrer Assets gefährden. Es ist daher ratsam, sich regelmäßig über die neuesten Entwicklungen in der Gesetzgebung zu informieren und gegebenenfalls rechtlichen Rat einzuholen.

Die Verwendung von Krypto-Versicherungen ist ein aufkommender Trend, der zusätzliche Sicherheit bieten kann. Einige Versicherungen decken Verluste durch Hacks oder Diebstahl ab und können eine sinnvolle Ergänzung zu anderen Sicherheitsmaßnahmen sein. In Deutschland sind solche Versicherungen zwar noch nicht weit verbreitet, gewinnen jedoch zunehmend an Bedeutung.

Viele der besten Praktiken und neuesten Entwicklungen im Bereich der Kryptosicherheit werden in Foren und auf Social-Media-Plattformen diskutiert. Durch den Austausch mit anderen Anlegern und Experten können Sie wertvolle Einblicke gewinnen und Ihre Sicherheitsstrategie weiter verfeinern. Die Kryptowährungs-Community ist ein unschätzbares Gut, das nicht unterschätzt werden sollte. Sie bietet eine Fülle von Ressourcen und Erfahrungen, die Ihnen helfen können, Ihre Kryptowährungen sicher aufzubewahren und mit Selbstvertrauen in die digitale Zukunft zu investieren.

Risiken und wie man sie minimiert

Die Welt der Kryptowährungen ist faszinierend und bietet zahlreiche Möglichkeiten, aber sie ist nicht ohne Risiken. Eines der Hauptanliegen vieler Anleger ist die Volatilität des Marktes. Schwankungen im Wert einer Kryptowährung können innerhalb kürzester Zeit extrem sein. Um dieses Risiko zu minimieren, ist es ratsam, eine gut durchdachte Anlagestrategie zu verfolgen. Diversifikation ist hierbei ein Schlüsselwort. Anstatt alle Eier in einen Korb zu legen, sollten Sie in verschiedene Kryptowährungen und vielleicht sogar in andere Anlageklassen investieren.

Ein weiteres Risiko ist der Verlust von Zugangsdaten zu Ihrer digitalen Wallet. Ohne diese Daten ist es unmöglich, auf Ihre Kryptowährungen zuzugreifen. Hier kommen Sicherheitsmaßnahmen wie die Zwei-Faktor-Authentifizierung und Hardware-Wallets ins Spiel. Diese bieten eine zusätzliche Sicherheitsebene und sollten als unverzichtbar angesehen werden. Darüber hinaus ist es sinnvoll, Backup-Kopien Ihrer Zugangsdaten an einem sicheren Ort aufzubewahren.

Cyberkriminalität stellt ebenfalls eine ernstzunehmende Gefahr dar. Hackerangriffe auf Kryptowährungsbörsen und Wallets sind keine Seltenheit. Um sich vor solchen Angriffen zu schützen, ist es wichtig, nur Plattformen mit starken Sicherheitsprotokollen zu verwenden. Achten Sie auf Features wie Verschlüsselung und regelmäßige Sicherheitsaudits durch externe Unternehmen. Einige Börsen bieten sogar eine Versicherung für den Fall eines Hacks an, was ein zusätzliches Sicherheitsnetz darstellen kann.

Neben diesen technischen Risiken gibt es auch regulatorische Bedenken. Die gesetzliche Lage rund um Kryptowährungen ist in vielen Ländern noch nicht endgültig geklärt. In einigen Fällen könnte dies zu plötzlichen Änderungen in der

Besteuerung oder sogar zu einem vollständigen Verbot der Kryptowährung führen. Um auf der sicheren Seite zu sein, sollten Sie sich regelmäßig über die gesetzlichen Rahmenbedingungen in Ihrem Land informieren und entsprechend handeln.

Auch das Risiko von Fehlinformationen sollte nicht unterschätzt werden. Der Kryptomarkt ist voll von Gerüchten, Falschinformationen und sogar gezielten Manipulationsversuchen. Eine sorgfältige Recherche und die Nutzung vertrauenswürdiger Informationsquellen sind daher unerlässlich. Seien Sie besonders vorsichtig bei der Nutzung von Social-Media-Plattformen, auf denen Informationen nicht immer verifiziert sind.

Schließlich gibt es noch das Risiko der eigenen Unwissenheit. Der Kryptomarkt ist komplex und erfordert ein gewisses Maß an technischem und finanziellem Verständnis. Bevor Sie investieren, sollten Sie sich daher gründlich informieren und im Zweifelsfall professionelle Beratung in Anspruch nehmen.

Die Risiken im Umgang mit Kryptowährungen sind vielfältig, aber nicht unüberwindbar. Mit der richtigen Strategie, einer guten Portion Skepsis und dem Willen zur ständigen Weiterbildung können Sie diese Risiken minimieren und die Chancen, die dieser aufregende neue Markt bietet, voll ausschöpfen. Und während sich die Landschaft der Kryptowährungen ständig verändert, bleibt eines konstant: die Notwendigkeit, wachsam zu sein und sich kontinuierlich anzupassen. So können Sie nicht nur Ihre Investitionen schützen, sondern auch das Potenzial dieses innovativen Finanzökosystems voll ausschöpfen.

Ein weiterer Punkt, der oft übersehen wird, ist die Liquidität bestimmter Kryptowährungen. Während Bitcoin und Ethereum in der Regel problemlos gehandelt werden können, kann es bei weniger bekannten Altcoins zu Liquiditätsproblemen kommen.

Das bedeutet, dass es schwierig sein kann, diese Währungen zu verkaufen, ohne den Markt zu beeinflussen und den Preis zu senken. Eine Möglichkeit, dieses Risiko zu minimieren, ist die Verwendung von Liquiditätspools oder dezentralen Börsen, die speziell darauf ausgelegt sind, Liquiditätsprobleme zu mindern.

Die psychologische Dimension des Handels mit Kryptowährungen darf ebenfalls nicht unterschätzt werden. Der Markt ist oft von starken Emotionen geprägt, die zu impulsiven Entscheidungen führen können. Um dieses Risiko zu minimieren, ist es hilfreich, einen klaren Handelsplan zu haben und sich strikt daran zu halten. Tools wie automatisierte Handelsbots können dabei unterstützen, emotionale Entscheidungen zu vermeiden und eine konsequentere Handelsstrategie zu verfolgen.

Ein weiteres Risiko betrifft die Interoperabilität zwischen verschiedenen Blockchain-Plattformen. Nicht alle Blockchains können miteinander kommunizieren, was zu Problemen führen kann, wenn Sie versuchen, Assets von einer Plattform zur anderen zu bewegen. Lösungen wie Wrapped Tokens oder spezielle Brücken zwischen verschiedenen Blockchains können dieses Problem teilweise lösen, aber es bleibt ein Bereich, den man im Auge behalten sollte.

Auch die Umweltauswirkungen von Kryptowährungen sind ein zunehmend diskutiertes Thema. Der Energieverbrauch von Netzwerken wie dem Bitcoin ist enorm und hat bereits zu Kritik und regulatorischen Bedenken geführt. Einige Anleger ziehen es vor, in umweltfreundlichere Alternativen wie Proof-of-Stake- oder Proof-of-Authority-Netzwerke zu investieren, um dieses Risiko zu minimieren.

Der Kryptomarkt entwickelt sich rasch, und was heute gilt, kann morgen schon überholt sein. Indem Sie sich ständig weiterbilden und auf dem Laufenden bleiben, können Sie nicht nur Risiken minimieren, sondern auch neue Möglichkeiten erkennen und nutzen. In diesem dynamischen Umfeld ist Ihr Wissen Ihr wertvollstes Gut. Es ermöglicht Ihnen, informierte Entscheidungen zu treffen und sich an die ständig wechselnden Bedingungen anzupassen. So können Sie die Risiken nicht nur minimieren, sondern auch das volle Potenzial dieses spannenden Marktes ausschöpfen.

Mining von Kryptowährungen

Was ist Mining?

Im Kontext der Kryptowährungen bezeichnet der Begriff "Mining" den Prozess, durch den Transaktionen verifiziert und zur Blockchain hinzugefügt werden. Dieser Prozess ist das Rückgrat vieler Kryptowährungen und ermöglicht es, ein dezentrales Netzwerk aufrechtzuerhalten, das nicht von einer zentralen Behörde kontrolliert wird. Doch wie funktioniert das Mining genau, und warum ist es so entscheidend für das Funktionieren von Kryptowährungen?

Zunächst einmal ist es hilfreich zu verstehen, dass Mining in Netzwerken wie Bitcoin nicht nur die Verifizierung von Transaktionen umfasst, sondern auch die Schaffung neuer Einheiten der Kryptowährung. Miner verwenden spezialisierte Hardware, um komplexe mathematische Probleme zu lösen. Diese Probleme sind so gestaltet, dass sie eine bestimmte Menge an Rechenleistung erfordern, um gelöst zu werden. Sobald ein Miner das Problem gelöst hat, wird ein neuer Block von Transaktionen zur Blockchain hinzugefügt. Als Belohnung für ihre Arbeit erhalten die Miner sowohl eine festgelegte Menge an neu geschaffenen Bitcoins als auch die Transaktionsgebühren der im Block enthaltenen Transaktionen.

Das Mining hat auch eine wichtige Funktion für die Sicherheit des Netzwerks. Die Rechenleistung, die für das Lösen der mathematischen Probleme erforderlich ist, stellt sicher, dass es für einen Angreifer extrem schwierig wäre, die Blockchain zu manipulieren. Um dies zu tun, müsste der Angreifer mehr als 50% der gesamten Rechenleistung des Netzwerks kontrollieren, was als "51%-Angriff" bekannt ist.

Dies ist jedoch aufgrund der enormen Menge an Rechenleistung, die von Minern weltweit bereitgestellt wird, praktisch unmöglich.

Das Mining ist jedoch nicht ohne seine Herausforderungen und Kritikpunkte. Einer der Hauptkritikpunkte ist der hohe Energieverbrauch, insbesondere in Netzwerken, die auf dem Proof-of-Work-Algorithmus basieren, wie Bitcoin. Dies hat zu Bedenken hinsichtlich der Umweltauswirkungen des Minings geführt und in einigen Ländern sogar zu regulatorischen Maßnahmen. Einige Kryptowährungen versuchen, dieses Problem durch die Verwendung alternativer Konsensalgorithmen wie Proof-of-Stake zu lösen, die weniger energieintensiv sind.

Ein weiterer Punkt, der oft diskutiert wird, ist die Zentralisierung des Minings. Obwohl Kryptowährungen ursprünglich als dezentrale Systeme konzipiert wurden, hat die hohe Rechenleistung, die für das Mining erforderlich ist, dazu geführt, dass sich Miner in Mining-Pools zusammenschließen. Diese Pools kontrollieren oft einen erheblichen Anteil der gesamten Rechenleistung des Netzwerks, was theoretisch die Möglichkeit eines 51%-Angriffs erhöht.

Mining ist eine faszinierende Mischung aus Technologie, Mathematik und Wirtschaft. Es ermöglicht nicht nur die Existenz von Kryptowährungen, sondern auch die Entwicklung einer völlig neuen Art von Finanzsystem. Dabei ist es jedoch nicht nur ein technologisches Phänomen, sondern auch ein wirtschaftliches und soziales Experiment, das uns viel über die Möglichkeiten und Grenzen dezentraler Systeme lehrt. In dieser Hinsicht ist das Mining weit mehr als nur die Schaffung neuer Einheiten einer Kryptowährung; es ist ein wesentlicher Bestandteil der dynamischen und sich ständig weiterentwickelnden Welt der digitalen Währungen.

Lohnt sich Mining noch?

Die Frage, ob sich Mining noch lohnt, ist in der Kryptowährungswelt ein heiß diskutiertes Thema. Die Antwort darauf ist nicht einfach und hängt von einer Vielzahl von Faktoren ab, die von der Wahl der zu minenden Kryptowährung bis hin zu den Stromkosten reichen. In Deutschland, wo die Energiepreise vergleichsweise hoch sind, stellt sich diese Frage mit besonderer Dringlichkeit.

In den Anfangstagen des Bitcoin-Minings konnte man mit einem einfachen Heimcomputer noch erhebliche Gewinne erzielen. Die Zeiten haben sich jedoch geändert. Heute ist das Mining von Bitcoin und vielen anderen Kryptowährungen ein hochindustrialisierter Prozess, der spezialisierte Hardware und erhebliche Energiemengen erfordert. Die sogenannten ASICs (Application-Specific Integrated Circuits) haben die CPU- und GPU-Mining-Rigs weitgehend verdrängt und sind aufgrund ihrer Effizienz die bevorzugte Wahl für das Mining. Diese Geräte sind jedoch teuer in der Anschaffung und im Betrieb.

Die Wahl der Kryptowährung ist ein weiterer entscheidender Faktor. Während Bitcoin das bekannteste Beispiel ist, gibt es zahlreiche andere Kryptowährungen, die gemined werden können, oft mit geringeren Einstiegshürden und Kosten. Einige dieser sogenannten Altcoins verwenden andere Konsensalgorithmen als Bitcoin, die weniger energieintensiv sind. In Deutschland gibt es eine wachsende Community von Minern, die sich auf Altcoins spezialisiert haben, um die hohen Stromkosten zu umgehen.

Die geografische Lage spielt ebenfalls eine Rolle. In Ländern mit niedrigen Energiekosten kann das Mining profitabler sein. In Deutschland ist dies jedoch ein kritischer Punkt, da die Strompreise zu den höchsten in Europa gehören. Daher suchen viele deutsche Miner nach alternativen Energiequellen oder schließen sich Mining-Pools an, um die Kosten zu teilen. Einige experimentieren sogar mit erneuerbaren Energien, um die Rentabilität zu erhöhen und den ökologischen Fußabdruck zu minimieren.

Die steuerlichen Implikationen des Minings sind ebenfalls nicht zu vernachlässigen. In Deutschland sind die Gewinne aus dem Mining von Kryptowährungen steuerpflichtig und müssen entsprechend deklariert werden. Dies kann die Rentabilität erheblich beeinflussen und sollte bei der Entscheidungsfindung berücksichtigt werden.

Die Marktdynamik und die Volatilität der Kryptowährungen sind weitere Faktoren, die die Rentabilität des Minings beeinflussen. Ein plötzlicher Anstieg des Kryptowährungspreises kann das Mining über Nacht extrem profitabel machen, während ein Markteinbruch das Gegenteil bewirken kann. Daher ist es für Miner unerlässlich, den Markt sorgfältig zu beobachten und flexibel auf Veränderungen zu reagieren.

Die Technologie hinter dem Mining entwickelt sich ständig weiter. Fortschritte in der Hardware- und Softwaretechnologie können die Effizienz steigern und somit die Rentabilität erhöhen. Es ist daher ratsam, stets auf dem Laufenden zu bleiben und gegebenenfalls in neue Technologien zu investieren.

Die Regulierung des Kryptowährungsmarktes stellt eine weitere Herausforderung für Miner dar. In Deutschland und anderen europäischen Ländern gibt es Bestrebungen, Kryptowährungen stärker zu regulieren, was sich direkt auf die Rentabilität des Minings auswirken könnte. Beispielsweise könnten strengere Umweltauflagen die Betriebskosten erhöhen oder sogar dazu führen, dass Mining-Aktivitäten ganz eingestellt werden müssen.

Daher ist es für Miner ratsam, die politische Landschaft im Auge zu behalten und sich auf mögliche Veränderungen vorzubereiten.

Ein weiterer Punkt, der oft übersehen wird, ist die Netzwerksicherheit. Miner sind nicht nur für die Schaffung neuer Blöcke verantwortlich, sondern auch für die Aufrechterhaltung der Netzwerksicherheit. Cyberangriffe wie der 51%-Angriff können das Vertrauen in eine Kryptowährung erschüttern und den Wert drastisch senken. Miner müssen also nicht nur die Rentabilität, sondern auch die Sicherheit des Netzwerks berücksichtigen. Investitionen in fortschrittliche Sicherheitstechnologien können daher als eine Art Versicherung für die Zukunft angesehen werden.

Die soziale und ethische Dimension des Minings ist ebenfalls ein wichtiger Faktor. Die Energieintensität des Minings hat zu Bedenken hinsichtlich des ökologischen Fußabdrucks geführt. Einige Miner setzen daher auf grüne Technologien oder suchen nach Möglichkeiten, die Abwärme sinnvoll zu nutzen. In Deutschland gibt es bereits Projekte, die versuchen, die Abwärme aus Mining-Prozessen für die Beheizung von Gebäuden zu verwenden. Dies könnte nicht nur die Betriebskosten senken, sondern auch das öffentliche Image des Minings verbessern.

Die Gemeinschaft und der soziale Aspekt des Minings sollten ebenfalls nicht unterschätzt werden. In Foren und sozialen Medien können Miner Erfahrungen austauschen, Probleme gemeinsam lösen und sich über die neuesten Trends informieren. Diese Gemeinschaften bieten oft wertvolle Einblicke und können bei der Entscheidungsfindung eine wichtige Rolle spielen. In Deutschland gibt es eine aktive Mining-Community, die regelmäßig Treffen und Veranstaltungen organisiert, um Wissen und Erfahrungen auszutauschen.

Die Diversifikation der Mining-Aktivitäten kann auch eine sinnvolle Strategie sein. Anstatt sich nur auf eine Kryptowährung zu konzentrieren, können Miner ihr Risiko minimieren, indem sie verschiedene Kryptowährungen minen. Dies kann besonders nützlich sein, wenn der Wert einer Kryptowährung plötzlich fällt oder wenn es technische Probleme gibt.

Die Automatisierung und Skalierung sind weitere Faktoren, die die Rentabilität des Minings beeinflussen können. Durch den Einsatz von Automatisierungstechnologien können Miner den Betrieb effizienter gestalten und so die Betriebskosten senken. Skalierung ermöglicht es, die Mining-Aktivitäten auszuweiten und von den Vorteilen der Massenproduktion zu profitieren.

Abschließend lässt sich sagen, dass das Mining in der heutigen Zeit eine facettenreiche Aktivität ist, die weit über die reine Schaffung neuer Kryptowährungseinheiten hinausgeht. Es ist ein dynamisches Feld, das ständigen Veränderungen unterworfen ist und eine Vielzahl von Faktoren berücksichtigt werden muss. Von der Wahl der Hardware und der Kryptowährung über die Berücksichtigung von Energiekosten und steuerlichen Aspekten bis hin zu ethischen Überlegungen und Gemeinschaftsengagement bietet das Mining eine Fülle von Möglichkeiten und Herausforderungen. Es bleibt ein spannendes und sich ständig weiterentwickelndes Feld, das sowohl finanzielle als auch ideologische Anreize bietet.

Handel und Investition in Kryptowährungen

Grundlagen des Krypto-Handels

Der Handel mit Kryptowährungen hat sich in den letzten Jahren zu einer der dynamischsten und volatilsten Anlageformen entwickelt. Im Gegensatz zu traditionellen Finanzmärkten, die durch Banken, Regierungen und andere Institutionen reguliert werden, operiert der Krypto-Markt weitgehend dezentralisiert. Dies bietet eine Reihe von Vorteilen, aber auch Herausforderungen, die jeden angehenden Krypto-Händler kennen sollte.

Zu den grundlegenden Elementen des Krypto-Handels gehört die Wahl einer Handelsplattform oder eines Krypto-Börsen. Diese Plattformen ermöglichen den Kauf und Verkauf von Kryptowährungen und bieten oft eine Reihe von Tools zur Marktanalyse. In Deutschland gibt es mehrere seriöse Anbieter, aber es ist ratsam, die Gebühren, die Sicherheitsmaßnahmen und die Benutzerfreundlichkeit zu vergleichen, bevor man sich für eine Plattform entscheidet.

Ein weiterer entscheidender Faktor ist die Wahl der Kryptowährungen, die gehandelt werden sollen. Während Bitcoin und Ethereum die bekanntesten sind, gibt es Tausende von Altcoins, die jeweils ihre eigenen Besonderheiten und Risiken haben. Ein tiefes Verständnis der verschiedenen Kryptowährungen und ihrer zugrunde liegenden Technologien kann Ihnen einen entscheidenden Vorteil verschaffen.

Der Krypto-Markt ist bekannt für seine hohe Volatilität, die sowohl Chancen als auch Risiken bietet. Preisänderungen können innerhalb von Minuten oder sogar Sekunden auftreten, und es ist nicht ungewöhnlich, dass der Wert einer Kryptowährung innerhalb eines Tages um mehr als 20% schwankt. Daher ist es unerlässlich, eine gut durchdachte Handelsstrategie zu haben und sich strikt an sie zu halten. Einige Händler nutzen technische Analysen, um Preisbewegungen vorherzusagen, während andere auf Fundamentalanalysen setzen, die sich auf die zugrunde liegenden Faktoren einer Kryptowährung konzentrieren.

Neben der Strategie ist auch das Risikomanagement von entscheidender Bedeutung. Der Einsatz von Stop-Loss-Orders kann dazu beitragen, Verluste zu minimieren, und es ist ratsam, nur einen Bruchteil Ihres Kapitals in eine einzelne Position zu investieren. Darüber hinaus sollten Sie immer die steuerlichen Auswirkungen Ihrer Handelsaktivitäten im Auge behalten. In Deutschland sind Gewinne aus dem Handel mit Kryptowährungen steuerpflichtig, und die genauen Bedingungen können komplex sein.

Der Krypto-Handel ist ein faszinierendes, aber auch anspruchsvolles Unterfangen, das sowohl technisches als auch finanzielles Know-how erfordert. Aber für diejenigen, die bereit sind, die Zeit und Mühe zu investieren, um die Feinheiten dieses Marktes zu verstehen, bietet er eine Welt voller Möglichkeiten. Ob Sie nun ein erfahrener Trader sind, der in die Welt der Kryptowährungen einsteigen möchte, oder ein Neuling, der von den schier endlosen Möglichkeiten fasziniert ist, der Krypto-Handel ist ein Bereich, der ständig in Bewegung ist und nie aufhört, zu überraschen.

Neben den bereits erwähnten Grundlagen des Krypto-Handels gibt es weitere Faktoren, die für den Erfolg entscheidend sein können. Ein solcher Faktor ist die Psychologie des Handels. Emotionalität kann oft zu impulsiven Entscheidungen führen, die sich negativ auf Ihre Handelsstrategie auswirken können.

Daher ist es ratsam, Emotionen so weit wie möglich aus dem Handelsprozess herauszuhalten und sich stattdessen auf logische und gut durchdachte Entscheidungen zu konzentrieren.

Ein weiterer wichtiger Punkt ist die Bedeutung von Nachrichten und Marktsentiment. Im Krypto-Bereich können Nachrichten über regulatorische Änderungen, technologische Entwicklungen oder wirtschaftliche Faktoren erhebliche Auswirkungen auf die Preise haben. Daher ist es unerlässlich, stets auf dem Laufenden zu bleiben und zu verstehen, wie solche Nachrichten interpretiert werden können. In Deutschland gibt es zahlreiche Nachrichtenquellen und Foren, die speziell auf den Krypto-Markt ausgerichtet sind.

Auch die Liquidität spielt eine entscheidende Rolle im Krypto-Handel. Ein liquider Markt ermöglicht es Ihnen, große Mengen einer Kryptowährung zu kaufen oder zu verkaufen, ohne dass der Preis erheblich beeinflusst wird. Einige der weniger bekannten Altcoins können illiquide sein, was sie anfälliger für extreme Preisschwankungen macht. Daher ist es wichtig, die Liquidität als Teil Ihrer Handelsstrategie zu berücksichtigen.

Die Wahl des richtigen Zeitpunkts für den Ein- und Ausstieg aus dem Markt ist ebenfalls entscheidend. Viele Händler nutzen hierfür Indikatoren wie den Moving Average oder den Relative Strength Index (RSI). Diese Indikatoren können Ihnen dabei helfen, Trends zu erkennen und entsprechend zu handeln.

Zu guter Letzt sollten Sie auch die Gebührenstruktur der von Ihnen gewählten Handelsplattform berücksichtigen. Gebühren können sich schnell summieren und Ihre Gewinne erheblich schmälern. Einige Plattformen bieten Rabatte für Händler, die ein hohes Handelsvolumen aufweisen, was eine Überlegung wert sein könnte.

Der Krypto-Handel ist ein ständig wechselndes Feld, das eine breite Palette von Fähigkeiten und Kenntnissen erfordert. Aber mit der richtigen Vorbereitung und einem klaren Verständnis der verschiedenen Elemente, die den Markt beeinflussen, können Sie sich eine solide Grundlage für den Handelserfolg schaffen. Ob Sie nun die technischen Feinheiten des Marktes meistern oder die Kunst der Marktanalyse erlernen möchten, der Krypto-Handel bietet zahlreiche Möglichkeiten für diejenigen, die bereit sind, sich dem Lernprozess zu widmen.

Langfristige Investitionsstrategien

Langfristige Investitionsstrategien sind für viele Anleger ein Schlüssel zum finanziellen Erfolg und zur Vermögenssicherung. Im Gegensatz zu kurzfristigen Strategien, die oft von Volatilität und schnellen Gewinnen geprägt sind, setzen langfristige Ansätze auf nachhaltige Werte und stabile Renditen. In Deutschland, wo die Sparquote traditionell hoch ist, gewinnen solche Strategien immer mehr an Bedeutung.

Ein klassisches Beispiel für eine langfristige Investitionsstrategie ist der sogenannte "Buy and Hold"-Ansatz. Hierbei werden Aktien oder andere Wertpapiere gekauft und über einen längeren Zeitraum gehalten, unabhängig von kurzfristigen Marktschwankungen. Dieser Ansatz basiert auf der Annahme, dass der Markt im Laufe der Zeit tendenziell steigt, auch wenn es zwischendurch zu Rückschlägen kommen kann.

Ein weiterer Ansatz ist das Dividendeninvesting. Hierbei werden Aktien von Unternehmen gekauft, die regelmäßig Dividenden ausschütten. Diese Dividenden können dann reinvestiert oder als zusätzliches Einkommen genutzt werden. Besonders in Zeiten niedriger Zinsen kann diese Strategie attraktiv sein, da sie eine kontinuierliche Einkommensquelle darstellt.

Auch Immobilieninvestitionen sind eine bewährte Methode für langfristige Anlagen. Durch den Kauf von Immobilien und die anschließende Vermietung können Anleger von regelmäßigen Mieteinnahmen und potenziellen Wertsteigerungen profitieren. In Deutschland gibt es zahlreiche Möglichkeiten, in Immobilien zu investieren, sei es in städtischen Ballungsräumen oder in ländlichen Gebieten.

Neben diesen traditionellen Anlageformen gewinnen auch alternative Investments, wie zum Beispiel Kryptowährungen oder Rohstoffe, an Bedeutung. Diese können eine sinnvolle Ergänzung zu einem diversifizierten Portfolio sein, allerdings ist hierbei ein gewisses Maß an Fachwissen und Risikobereitschaft erforderlich.

Egal für welche Strategie Sie sich entscheiden, eine gründliche Recherche und Planung sind unerlässlich. Dabei sollten Sie auch steuerliche Überlegungen nicht außer Acht lassen. In Deutschland gibt es zahlreiche steuerliche Anreize und Förderprogramme, die langfristige Investitionen begünstigen, wie etwa die Abgeltungssteuer oder verschiedene Arten von Anlagekonten, die steuerliche Vorteile bieten.

Langfristige Investitionsstrategien sind nicht nur eine Frage der richtigen Anlageform, sondern auch der richtigen Einstellung. Geduld, Disziplin und ein gutes Risikomanagement sind essenziell, um langfristig erfolgreich zu sein. Dabei ist es auch wichtig, regelmäßig die Performance Ihrer Anlagen zu überprüfen und gegebenenfalls Anpassungen vorzunehmen. Aber denken Sie daran: Der beste Zeitpunkt, um mit dem Investieren zu beginnen, ist jetzt. Je früher Sie anfangen, desto mehr Zeit hat Ihr Kapital, um zu wachsen und Ihnen finanzielle Sicherheit für die Zukunft zu bieten.

Ein weiterer Punkt, der bei langfristigen Investitionsstrategien oft übersehen wird, ist die Bedeutung von Nachhaltigkeit und sozialer Verantwortung. Immer mehr Anleger legen Wert darauf, dass ihre Investitionen nicht nur finanziell sinnvoll sind, sondern auch ethische und ökologische Kriterien erfüllen. So genannte ESG-Investments (Environmental, Social, Governance) haben in den letzten Jahren deutlich an Bedeutung gewonnen. Sie bieten die Möglichkeit, in Unternehmen zu investieren, die in Bezug auf Umweltschutz, soziale Verantwortung und gute Unternehmensführung vorbildlich sind.

Auch die Automatisierung von Investitionsentscheidungen durch Robo-Advisors wird immer populärer. Diese digitalen Plattformen nutzen Algorithmen, um Anlageempfehlungen zu geben und können eine kostengünstige Alternative zu traditionellen Finanzberatern sein. Besonders für Anleger, die wenig Zeit oder Erfahrung haben, kann dies eine interessante Option sein.

Nicht zu vergessen sind Anleihen als Bestandteil eines ausgewogenen Portfolios. Während sie oft als weniger renditestark im Vergleich zu Aktien gelten, bieten sie eine gewisse Sicherheit und können gerade in volatilen Marktphasen eine stabilisierende Funktion haben. Staatsanleihen, Unternehmensanleihen oder auch Kommunalanleihen sind hierbei die gängigsten Varianten.

Ein weiterer Trend, der sich abzeichnet, ist der Einfluss von künstlicher Intelligenz und Big Data auf die Finanzmärkte. Durch die Analyse großer Datenmengen können komplexe Muster erkannt und genutzt werden, um bessere Investitionsentscheidungen zu treffen. Dies ist zwar ein relativ neues Feld, aber es hat das Potenzial, die Art und Weise, wie wir investieren, grundlegend zu verändern.

Auch die geografische Diversifikation sollte nicht außer Acht gelassen werden. Durch Investitionen in verschiedene Märkte und Regionen kann das Risiko gesenkt werden. Insbesondere in Zeiten geopolitischer Unsicherheiten kann dies von Vorteil sein. Emerging Markets bieten hier interessante Möglichkeiten, sind jedoch auch mit einem höheren Risiko verbunden.

Auch wenn der Fokus bei langfristigen Investitionen auf dem Halten von Vermögenswerten liegt, sollte immer ein gewisser Anteil an liquiden Mitteln vorhanden sein. Dies ermöglicht es, auf unerwartete Lebensereignisse oder Marktchancen reagieren zu können, ohne langfristige Investitionen verkaufen zu müssen.

In der Welt der langfristigen Investitionen gibt es also zahlreiche Möglichkeiten und Herangehensweisen, die weit über den einfachen Kauf und das Halten von Aktien hinausgehen. Die Kunst besteht darin, die für Sie passende Strategie zu finden und diese konsequent umzusetzen. Dabei ist es immer hilfreich, sich fortzubilden und auf dem Laufenden zu bleiben, denn der Finanzmarkt ist ein sich ständig veränderndes Ökosystem, das neue Chancen, aber auch Risiken birgt.

Wallets und Speicherlösungen

Was ist ein Krypto-Wallet?

Ein Krypto-Wallet, auch als digitale Geldbörse bezeichnet, ist ein essenzielles Instrument für jeden, der in der Welt der Kryptowährungen agieren möchte. Es dient als Schnittstelle zwischen dem Benutzer und der Blockchain und ermöglicht das Senden, Empfangen und Aufbewahren von Kryptowährungen. Dabei unterscheidet man grundsätzlich zwischen verschiedenen Arten von Wallets, die jeweils ihre eigenen Vor- und Nachteile haben.

Software-Wallets sind Programme, die auf dem Computer oder dem Smartphone installiert werden. Sie sind in der Regel benutzerfreundlich und bieten eine gute Mischung aus Sicherheit und Zugänglichkeit. Allerdings sind sie anfällig für Malware und Hackerangriffe, wenn der Computer oder das Smartphone kompromittiert werden. Daher ist es ratsam, regelmäßige Sicherheitsupdates durchzuführen und eine starke Firewall zu verwenden.

Web-Wallets sind online verfügbar und werden von Drittanbietern gehostet. Sie sind extrem praktisch, da sie von überall aus zugänglich sind, aber sie bergen auch das Risiko, dass der Anbieter gehackt werden könnte. Daher ist es wichtig, einen seriösen Anbieter zu wählen und zusätzliche Sicherheitsmaßnahmen wie die Zwei-Faktor-Authentifizierung zu nutzen.

Hardware-Wallets sind physische Geräte, die mit dem Computer verbunden werden, um Transaktionen durchzuführen. Sie gelten als eine der sichersten Optionen, da sie nicht ständig mit dem Internet verbunden sind und somit weniger anfällig für Hackerangriffe sind.

Allerdings sind sie in der Anschaffung teurer und weniger praktisch für den täglichen Gebrauch.

Paper-Wallets sind eine weitere Möglichkeit, bei der die privaten Schlüssel auf einem Stück Papier aufgedruckt oder handschriftlich notiert werden. Diese Methode ist zwar extrem sicher vor digitalen Angriffen, aber das Papier kann leicht verloren gehen, beschädigt oder gestohlen werden.

Die Wahl des richtigen Wallets hängt von verschiedenen Faktoren ab, darunter die Art der Kryptowährung, die Sie verwenden möchten, Ihr Investitionsvolumen und Ihre persönlichen Präferenzen in Bezug auf Sicherheit und Benutzerfreundlichkeit. Einige Wallets unterstützen mehrere Kryptowährungen, während andere nur für eine bestimmte Währung ausgelegt sind. Darüber hinaus bieten einige Wallets zusätzliche Funktionen wie den integrierten Kauf und Verkauf von Kryptowährungen oder die Möglichkeit, Smart Contracts auszuführen.

Die Sicherheit Ihres Wallets sollte immer oberste Priorität haben. Daher ist es unerlässlich, regelmäßige Backups zu erstellen und sicherzustellen, dass Ihr privater Schlüssel niemals in die falschen Hände gerät. Der private Schlüssel ist im Grunde genommen der Zugangscode zu Ihrem Wallet und damit zu Ihren Kryptowährungen. Wenn er verloren geht oder gestohlen wird, gibt es keine Möglichkeit, den Zugriff auf Ihr Vermögen wiederherzustellen.

In der dynamischen Welt der Kryptowährungen ist ein Wallet mehr als nur eine Aufbewahrungsmöglichkeit. Es ist Ihr persönliches Interface zu einem komplexen, aber faszinierenden Ökosystem, das ständig neue Möglichkeiten bietet. Durch die richtige Wahl und sorgfältige Verwaltung Ihres Wallets können Sie nicht nur Ihre Investitionen schützen, sondern auch das volle Potenzial der Blockchain-Technologie nutzen.

Ein weiteres Merkmal, das bei der Wahl eines Wallets berücksichtigt werden sollte, ist die Anonymität. Während die meisten Wallets grundlegende Datenschutzfunktionen bieten, gibt es spezialisierte Wallets, die auf erhöhte Anonymität und Privatsphäre ausgerichtet sind. Diese Wallets verwenden verschiedene Techniken wie Münzmischung oder Stealth-Adressen, um die Identität des Benutzers zu verschleiern.

Neben der Anonymität spielt auch die Benutzerfreundlichkeit eine entscheidende Rolle. Einige Wallets bieten zum Beispiel integrierte Tutorials und Kundensupport, um den Einstieg in die Welt der Kryptowährungen so einfach wie möglich zu gestalten. Andere Wallets setzen auf Gamification-Elemente, um die Benutzererfahrung unterhaltsamer und einprägsamer zu machen.

Die Skalierbarkeit ist ebenfalls ein wichtiger Faktor. Mit dem Wachstum des Krypto-Marktes steigt auch die Anzahl der Transaktionen, die jede Sekunde verarbeitet werden müssen. Wallets, die mit skalierbaren Blockchains arbeiten oder Layer-2-Lösungen unterstützen, können in Zeiten hoher Netzwerkauslastung von Vorteil sein.

Einige Wallets bieten auch soziale Handelsfunktionen, bei denen Benutzer die Handelsstrategien erfahrener Trader kopieren können. Diese Funktion kann besonders für Anfänger nützlich sein, die von den Erfahrungen anderer profitieren möchten, ohne sich tief in die Materie einarbeiten zu müssen.

Die Integration von Versicherungsoptionen ist ein weiterer Punkt, der in Betracht gezogen werden sollte. Einige Wallets bieten Versicherungspakete an, die im Falle eines Diebstahls oder Verlusts der Kryptowährungen greifen. Obwohl dies in der Regel mit zusätzlichen Kosten verbunden ist, kann es für viele Benutzer ein beruhigendes Sicherheitsnetz darstellen.

Die Welt der Krypto-Wallets ist vielfältig und ständig im Wandel. Neue Technologien und Funktionen werden kontinuierlich entwickelt, um den unterschiedlichen Bedürfnissen und Anforderungen der Benutzer gerecht zu werden. Ob Sie nun Wert auf höchste Sicherheit, Benutzerfreundlichkeit oder spezielle Funktionen legen, es gibt mit hoher Wahrscheinlichkeit ein Wallet, das genau zu Ihren Bedürfnissen passt. Daher ist die Wahl des richtigen Wallets nicht nur eine Frage der Sicherheit, sondern auch eine Möglichkeit, Ihre Interaktion mit der Krypto-Welt zu optimieren.

Dezentrale Börsen vs. Zentrale Börsen

Was sind dezentrale Börsen?

Dezentrale Börsen, oft als DEX abgekürzt, sind ein integraler Bestandteil des Krypto-Ökosystems. Im Gegensatz zu zentralisierten Börsen, bei denen eine einzige Entität die Kontrolle über die Handelsaktivitäten und die Verwahrung der Kryptowährungen hat, operieren dezentrale Börsen ohne eine zentrale Instanz. Das bedeutet, dass die Handelspartner direkt miteinander interagieren, was den Bedarf an Vermittlern eliminiert.

Die Technologie hinter DEX basiert auf Smart Contracts, die auf einer Blockchain ausgeführt werden. Diese Smart Contracts sind so programmiert, dass sie die Regeln des Handels automatisch durchsetzen, ohne dass eine dritte Partei erforderlich ist. Das erhöht nicht nur die Sicherheit, sondern auch die Transparenz, da alle Transaktionen öffentlich auf der Blockchain verifiziert werden können.

Ein weiterer Vorteil von DEX ist die erhöhte Privatsphäre. Da keine persönlichen Daten an eine zentrale Instanz übermittelt werden müssen, bleibt die Anonymität der Benutzer weitgehend gewahrt. Dies ist besonders für diejenigen attraktiv, die besorgt sind, dass ihre Daten missbraucht oder gehackt werden könnten.

Allerdings sind dezentrale Börsen nicht völlig frei von Herausforderungen. Eine der größten Schwierigkeiten ist das Liquiditätsproblem. Zentralisierte Börsen haben in der Regel höhere Handelsvolumina und können daher eine bessere Liquidität bieten. DEX versuchen, dieses Problem durch verschiedene Mechanismen wie Liquiditätspools oder automatisierte Market Maker zu lösen, aber es bleibt eine Herausforderung.

Ein weiterer Punkt, der Beachtung verdient, ist die Benutzerfreundlichkeit. Während zentralisierte Börsen oft benutzerfreundliche Schnittstellen und Kundensupport bieten, können DEX für Anfänger kompliziert und einschüchternd sein. Das liegt daran, dass die Benutzer mehr Verantwortung für ihre eigenen Transaktionen und die Sicherheit ihrer Assets tragen.

Die Regulierung ist ein weiteres Thema, das bei DEX eine Rolle spielt. Da sie dezentralisiert sind, fallen sie oft nicht unter die gleichen regulatorischen Rahmenbedingungen wie zentralisierte Börsen. Das kann sowohl ein Vorteil als auch ein Nachteil sein. Einerseits ermöglicht es den Benutzern, die Kontrolle über ihre eigenen Assets zu behalten, andererseits fehlen die Schutzmechanismen, die eine Regulierung bieten würde.

Dezentrale Börsen sind ein faszinierendes Phänomen, das die Art und Weise, wie wir über Handel und Asset-Verwaltung denken, grundlegend verändert hat. Sie bieten eine Reihe von Vorteilen, darunter erhöhte Sicherheit, Transparenz und Privatsphäre, aber sie kommen auch mit eigenen Herausforderungen und Risiken. Daher ist es entscheidend, sich gründlich zu informieren und abzuwägen, welche Art von Börse am besten zu Ihren individuellen Bedürfnissen und Risikobereitschaft passt.

Dezentrale Börsen bieten auch eine Plattform für den Handel von Token, die auf verschiedenen Blockchains basieren. Durch den Einsatz von sogenannten "Cross-Chain"-Technologien können Benutzer nahtlos zwischen verschiedenen Kryptowährungen handeln, ohne diese erst in eine andere Währung umtauschen zu müssen. Das erweitert die

Möglichkeiten für den Handel erheblich und ermöglicht eine größere Diversifikation des Portfolios.

Ein weiterer interessanter Punkt ist die Gebührenstruktur bei DEX. Während zentralisierte Börsen oft eine Vielzahl von Gebühren erheben, von Einzahlungsgebühren bis hin zu Handelsgebühren, sind die Kosten bei vielen dezentralen Börsen oft geringer. Das liegt daran, dass die Transaktionskosten direkt an die Miner gehen, die die Transaktionen in die Blockchain einfügen, und nicht an eine zentrale Instanz.

Die Governance-Modelle von DEX sind ebenfalls einzigartig. Viele dezentrale Börsen ermöglichen es den Benutzern, über Änderungen abzustimmen, sei es bei der Gebührenstruktur, der Einführung neuer Handelspaare oder anderen Aspekten der Plattform. Dies schafft ein demokratischeres Umfeld, in dem die Benutzer mehr Einfluss auf die Entwicklung der Plattform haben.

Aber nicht alles ist rosig im Universum der dezentralen Börsen. Die technische Komplexität dieser Plattformen kann für weniger technisch versierte Benutzer eine Barriere darstellen. Zudem sind DEX anfällig für sogenannte "Front-Running"-Angriffe, bei denen Angreifer Transaktionen in einer bestimmten Reihenfolge anordnen, um sich selbst einen Vorteil zu verschaffen. Obwohl es Lösungen gibt, die dieses Problem adressieren, bleibt es eine Herausforderung.

Ein weiterer Punkt, der oft übersehen wird, ist die Frage der Rechtsprechung. Da DEX keine physische Präsenz haben, ist es schwierig zu bestimmen, unter welcher Gerichtsbarkeit sie fallen. Das kann für Benutzer, die rechtliche Bedenken haben, problematisch sein.

Dezentrale Börsen sind ein dynamisches und sich schnell entwickelndes Feld, das die Finanzwelt in vielerlei Hinsicht revolutioniert. Sie bieten eine Reihe von Vorteilen, die sie zu einer attraktiven Option für viele Anleger machen. Aber wie bei jeder Investition gibt es auch Risiken und Herausforderungen, die sorgfältig abgewogen werden müssen. Deshalb ist es für jeden, der in die Welt der DEX eintauchen möchte, unerlässlich, sich umfassend zu informieren und stets auf dem Laufenden zu bleiben.

Vor- und Nachteile im Vergleich

Die Welt der Kryptowährungen ist ein dynamisches Ökosystem, in dem sich dezentrale und zentrale Börsen als zwei Hauptakteure etabliert haben. Beide haben ihre eigenen Vor- und Nachteile, die sie für verschiedene Arten von Anlegern attraktiv machen. In diesem Kontext ist es entscheidend, die Unterschiede zwischen den beiden zu verstehen, um fundierte Entscheidungen treffen zu können.

Beginnen wir mit den zentralen Börsen, die oft als die traditionelleren und benutzerfreundlicheren Plattformen angesehen werden. Sie bieten eine Reihe von Dienstleistungen an, darunter Kundensupport, eine breite Palette von Handelsoptionen und oft auch eine höhere Liquidität. Zudem sind sie in der Regel einfacher zu bedienen, was sie für Einsteiger attraktiv macht. Allerdings ist die Benutzerfreundlichkeit oft mit einem Verlust an Kontrolle und Sicherheit verbunden. Da zentrale Börsen die Schlüssel für die Wallets ihrer Benutzer halten, sind sie anfälliger für Hacks und andere Sicherheitsrisiken. Darüber hinaus können sie von Regierungen reguliert oder sogar geschlossen werden, was das Risiko eines Totalverlusts für die Anleger erhöht.

Dezentrale Börsen, oft als DEX bezeichnet, bieten eine andere Art von Erfahrung. Sie sind in der Regel auf Blockchain-Technologie aufgebaut und ermöglichen es den Benutzern, direkt miteinander zu handeln, ohne dass eine zentrale Instanz erforderlich ist. Das erhöht die Sicherheit, da die Benutzer die Kontrolle über ihre eigenen Schlüssel und damit über ihre Kryptowährungen behalten. Zudem sind sie in der Regel resistenter gegen Zensur und Eingriffe von außen. Allerdings sind sie oft komplizierter in der Bedienung und bieten nicht den gleichen Grad an Kundensupport, den man von einer zentralen Börse erwarten würde. Außerdem kann die Liquidität geringer sein, was zu weniger günstigen Handelskonditionen führen kann.

Ein weiterer wichtiger Unterschied betrifft die Gebührenstruktur. Während zentrale Börsen oft eine Vielzahl von Gebühren erheben, sind die Kosten bei vielen dezentralen Börsen oft geringer. Das liegt daran, dass die Transaktionskosten direkt an die Miner gehen, die die Transaktionen in die Blockchain einfügen, und nicht an eine zentrale Instanz.

Die Wahl zwischen einer zentralen und einer dezentralen Börse hängt von einer Vielzahl von Faktoren ab, darunter das Risikoprofil, die Handelsstrategie und die persönlichen Vorlieben des Anlegers. Während zentrale Börsen oft als der einfachere Einstiegspunkt in die Welt der Kryptowährungen angesehen werden, bieten dezentrale Börsen eine Reihe von Vorteilen, die sie zu einer attraktiven Option für erfahrene Anleger machen.

In der sich ständig verändernden Landschaft der Kryptowährungen ist es entscheidend, die Vor- und Nachteile beider Arten von Börsen zu verstehen. Nur so können Anleger fundierte Entscheidungen treffen und die für sie am besten geeignete Plattform auswählen. Dabei sollte man immer im Hinterkopf behalten, dass sowohl zentrale als auch dezentrale Börsen ihre eigenen Herausforderungen und Risiken mit sich bringen. Deshalb ist es unerlässlich, sich umfassend zu informieren und stets auf dem Laufenden zu bleiben.

Die Geschwindigkeit der Transaktionen stellt ein weiteres Kriterium dar, das bei der Wahl zwischen zentralen und dezentralen Börsen berücksichtigt werden sollte. Zentrale Börsen können in der Regel schnelle Transaktionen ermöglichen, da sie über hohe Rechenleistungen und spezialisierte Infrastrukturen verfügen. Dezentrale Börsen sind in dieser Hinsicht oft langsamer, da jede Transaktion von der Netzwerkaktivität und der Blockzeit der jeweiligen Blockchain abhängt.

Ein weiterer Punkt, der oft übersehen wird, ist die Transparenz. Dezentrale Börsen sind in der Regel transparenter, da alle Transaktionen auf der Blockchain öffentlich einsehbar sind. Dies kann für Anleger, die Wert auf Transparenz und Nachvollziehbarkeit legen, ein entscheidender Vorteil sein. Zentrale Börsen hingegen sind oft weniger transparent, da sie interne Systeme verwenden, die für den Benutzer nicht einsehbar sind.

Die Anonymität ist ebenfalls ein Faktor, der nicht außer Acht gelassen werden sollte. Dezentrale Börsen bieten oft höhere Anonymität, da sie keine persönlichen Informationen der Benutzer speichern. Bei zentralen Börsen ist dies in der Regel nicht der Fall, da sie oft strenge KYC- (Know Your Customer) und AML- (Anti-Money Laundering) Richtlinien befolgen müssen.

Die Frage der Interoperabilität zwischen verschiedenen Blockchains und Kryptowährungen ist ebenfalls relevant. Einige dezentrale Börsen bieten sogenannte "Cross-Chain"-Funktionalitäten an, die es ermöglichen, direkt zwischen verschiedenen Blockchains zu handeln. Zentrale Börsen sind in dieser Hinsicht oft eingeschränkter, da sie in der Regel nur den Handel zwischen Kryptowährungen derselben oder ähnlicher Blockchains ermöglichen.

Auch die Benutzererfahrung sollte nicht unterschätzt werden.

Zentrale Börsen investieren oft erhebliche Ressourcen in die Gestaltung ihrer Benutzeroberflächen und bieten eine Vielzahl von Tools und Indikatoren, die das Handeln erleichtern. Dezentrale Börsen hingegen sind oft weniger benutzerfreundlich, was sie für weniger erfahrene Anleger weniger attraktiv machen kann.

Die Bedeutung der Community sollte man schon mal hervorheben. Dezentrale Börsen haben oft eine engagierte Community von Entwicklern und Benutzern, die an der Weiterentwicklung der Plattform arbeiten. Dies kann zu einer schnelleren Implementierung von neuen Features und einer höheren Anpassungsfähigkeit an die Bedürfnisse der Benutzer führen. Zentrale Börsen sind in dieser Hinsicht oft weniger flexibel, da sie als kommerzielle Unternehmen agieren und daher andere Prioritäten haben können.

In der Welt der Kryptowährungen gibt es keine Einheitslösung. Sowohl zentrale als auch dezentrale Börsen haben ihre eigenen Stärken und Schwächen, und die Wahl der richtigen Plattform hängt von den individuellen Bedürfnissen und Zielen des Anlegers ab. Daher ist es ratsam, beide Optionen sorgfältig zu prüfen und sich für diejenige zu entscheiden, die am besten zu den eigenen Anforderungen passt.

Tokenisierung von Vermögenswerten

Was ist Tokenisierung?

Die Tokenisierung ist ein Prozess, der in der Welt der Kryptowährungen und der Blockchain-Technologie immer mehr an Bedeutung gewinnt. Dabei handelt es sich um die Umwandlung von realen Vermögenswerten oder Rechten in digitale Token, die auf einer Blockchain gespeichert werden. Diese Token können dann gehandelt, verkauft oder für verschiedene Anwendungen genutzt werden. Die Tokenisierung eröffnet eine Vielzahl von Möglichkeiten, die weit über den einfachen Handel von Kryptowährungen hinausgehen.

Ein prominentes Beispiel für die Tokenisierung ist die Umwandlung von Immobilien in digitale Token. Durch die Aufteilung einer Immobilie in mehrere Token können Anleger Anteile an der Immobilie erwerben, ohne sie vollständig kaufen zu müssen. Dies senkt die Einstiegshürden und ermöglicht es mehr Menschen, in Immobilien zu investieren. Gleichzeitig wird die Liquidität des Marktes erhöht, da die Token leichter handelbar sind als physische Immobilien.

Aber nicht nur physische Güter können tokenisiert werden. Auch immaterielle Güter wie Urheberrechte, Patente oder sogar menschliche Arbeitskraft können in Form von Token dargestellt werden. Dies eröffnet neue Möglichkeiten für die Lizenzierung und den Handel dieser Güter. So könnten beispielsweise Künstler ihre Werke direkt an ihre Fans verkaufen, ohne auf Zwischenhändler angewiesen zu sein.

Die Tokenisierung hat auch Auswirkungen auf den Finanzsektor. Durch die Erstellung von Token, die verschiedene Finanzinstrumente repräsentieren, können komplexe Finanztransaktionen vereinfacht werden. So könnten beispielsweise Derivate, Anleihen oder sogar ganze Investmentfonds als Token dargestellt werden. Dies würde die Abwicklung dieser Produkte erheblich beschleunigen und die Kosten senken.

Natürlich gibt es auch Herausforderungen und Risiken, die mit der Tokenisierung verbunden sind. Eine der größten Herausforderungen ist die rechtliche Einordnung der Token. Je nachdem, wie ein Token strukturiert ist, kann er als Wertpapier, als Währung oder als völlig neue Anlageklasse angesehen werden. Dies hat Auswirkungen auf die Regulierung und die steuerliche Behandlung des Tokens. Daher ist es für Anleger und Unternehmen unerlässlich, sich eingehend mit den rechtlichen Rahmenbedingungen auseinanderzusetzen.

Ein weiterer Punkt, der Beachtung verdient, ist die Sicherheit. Wie bei allen Technologien, die auf der Blockchain basieren, besteht auch bei der Tokenisierung das Risiko von Hacks und Sicherheitslücken. Daher ist es entscheidend, dass sowohl die Emittenten der Token als auch die Anleger sich der Sicherheitsrisiken bewusst sind und entsprechende Maßnahmen ergreifen.

Die Tokenisierung ist ein faszinierendes und vielseitiges Feld, das das Potenzial hat, viele Bereiche unseres Lebens zu verändern. Von der Demokratisierung des Zugangs zu Vermögenswerten bis hin zur Vereinfachung komplexer Finanztransaktionen bietet die Technologie zahlreiche Vorteile. Doch wie bei jeder neuen Technologie ist es wichtig, sich der damit verbundenen Risiken bewusst zu sein und verantwortungsvoll damit umzugehen.

Anwendungsfälle und Beispiele

Die Tokenisierung von Vermögenswerten ist ein innovatives Konzept, das die Art und Weise, wie wir über Eigentum und Investitionen denken, revolutionieren könnte. Durch die Umwandlung von physischen oder immateriellen Vermögenswerten in digitale Token, die auf einer Blockchain gespeichert werden, ergeben sich zahlreiche neue Anwendungsfälle und Möglichkeiten. In diesem Kontext möchte ich einige interessante Beispiele und Anwendungsfälle für die Tokenisierung von Vermögenswerten beleuchten.

Beginnen wir mit der Immobilienbranche, einem Sektor, der durch die Tokenisierung erheblich profitieren könnte. Die hohen Kosten und der Verwaltungsaufwand, der mit dem Kauf und Verkauf von Immobilien verbunden ist, könnten durch die Tokenisierung erheblich reduziert werden. Ein Gebäude könnte in zahlreiche Token aufgeteilt werden, die dann einzeln oder in Gruppen verkauft werden könnten. Dies würde es auch Kleinanlegern ermöglichen, in hochwertige Immobilienprojekte zu investieren, ohne einen hohen Kapitaleinsatz leisten zu müssen.

Ein weiterer interessanter Anwendungsfall ist die Kunstwelt. Künstler könnten ihre Werke in Token aufteilen und diese direkt an ihre Anhänger verkaufen. Dies würde nicht nur die Einnahmen der Künstler steigern, sondern auch die Bindung zwischen Künstlern und ihrer Community fördern. Darüber hinaus könnten Kunstliebhaber durch den Erwerb von Token an der Wertsteigerung eines Kunstwerks partizipieren.

Auch im Bereich der Unternehmensfinanzierung bietet die Tokenisierung interessante Möglichkeiten. Anstelle des traditionellen Wegs über Bankkredite oder den Börsengang könnten Unternehmen Token emittieren, die bestimmte Vermögenswerte oder zukünftige Einnahmen repräsentieren.

Diese Token könnten dann an Investoren verkauft werden, um Kapital für das Unternehmen zu generieren.

Nicht zu vergessen ist die Möglichkeit der Tokenisierung von geistigem Eigentum wie Patenten oder Urheberrechten. Durch die Umwandlung dieser Rechte in handelbare Token könnten Unternehmen oder Einzelpersonen ihre Erfindungen und Werke leichter monetarisieren. Dies würde auch die Lizenzierung und den Verkauf von geistigem Eigentum erheblich vereinfachen.

Die Tokenisierung hat auch das Potenzial, den Handel mit Rohstoffen und anderen Finanzinstrumenten zu revolutionieren. Durch die Erstellung von Token, die einen bestimmten Wert an Gold, Öl oder anderen Rohstoffen repräsentieren, könnten diese Vermögenswerte leichter und effizienter gehandelt werden. Dies würde die Liquidität in diesen Märkten erhöhen und könnte zu einer transparenteren Preisbildung führen.

Natürlich gibt es auch Herausforderungen bei der Tokenisierung von Vermögenswerten. Neben den bereits erwähnten rechtlichen und regulatorischen Fragen gibt es auch technische Hürden wie die Skalierbarkeit und Sicherheit der zugrunde liegenden Blockchain-Technologie. Aber trotz dieser Herausforderungen bietet die Tokenisierung ein enormes Potenzial zur Verbesserung und Vereinfachung des Handels und der Verwaltung von Vermögenswerten. Sie eröffnet neue Wege für die Kapitalbeschaffung und könnte eine breitere und inklusivere Form der Teilhabe an verschiedenen Anlageklassen ermöglichen. Daher ist es spannend zu beobachten, wie sich diese Technologie in den kommenden Jahren weiterentwickeln wird.

Die Tokenisierung von Vermögenswerten reicht weit über die bereits diskutierten Sektoren wie Immobilien, Kunst und Unternehmensfinanzierung hinaus. Ein weiteres interessantes

Feld ist die Landwirtschaft. Durch die Tokenisierung von landwirtschaftlichen Produkten oder sogar ganzen Farmen könnten Landwirte Kapital für Investitionen in moderne Technologien aufbringen. Investoren würden im Gegenzug einen Anteil an den Erträgen der Farm erhalten, was eine Win-Win-Situation für beide Seiten schafft.

Auch der Energiesektor könnte von der Tokenisierung profitieren. Stellen Sie sich vor, ein Windpark oder ein Solarkraftwerk könnte in Token aufgeteilt werden. Dies würde es Privatpersonen ermöglichen, in erneuerbare Energien zu investieren und gleichzeitig den Betreibern der Anlagen den Zugang zu dringend benötigtem Kapital erleichtern. Die Token könnten so gestaltet sein, dass sie den Eigentümern einen Anteil an den erzeugten Energieerträgen garantieren, was wiederum die Attraktivität dieser Investition erhöht.

Die Tokenisierung kann auch im Bereich der Bildung Anwendung finden. Bildungseinrichtungen könnten Token ausgeben, die den Zugang zu speziellen Kursen oder Programmen ermöglichen. Dies würde nicht nur die Finanzierung von Bildungsprojekten erleichtern, sondern auch die Bildung demokratisieren, indem es mehr Menschen ermöglicht wird, qualitativ hochwertige Bildungsangebote in Anspruch zu nehmen.

Ein weiterer Punkt, der nicht außer Acht gelassen werden sollte, ist die Tokenisierung von Dienstleistungen. Ähnlich wie bei physischen Vermögenswerten könnten auch Dienstleistungen in Token umgewandelt werden. Dies könnte von Beratungsdiensten bis hin zu medizinischen Leistungen reichen. Durch die Tokenisierung könnten diese Dienstleistungen leichter zugänglich und handelbar gemacht werden, was die Effizienz und den Zugang zu diesen Diensten verbessern würde.

Die Tokenisierung hat auch das Potenzial, die Welt der

Wohltätigkeit und des sozialen Engagements zu verändern. Organisationen könnten Token ausgeben, die bestimmte soziale Projekte oder Initiativen repräsentieren. Diese Token könnten dann von Menschen gekauft werden, die die jeweilige Sache unterstützen möchten. Dies würde eine neue Ebene der Transparenz und Rechenschaftspflicht in den Bereich der Wohltätigkeit bringen.

Man sollte auch betonen, dass die Tokenisierung ein Werkzeug mit enormem Potenzial ist, das in nahezu jedem Sektor Anwendung finden könnte. Die Möglichkeiten sind nahezu unbegrenzt und könnten weitreichende Auswirkungen auf die Art und Weise haben, wie wir Vermögenswerte handeln, investieren und sogar soziale Veränderungen herbeiführen. Es bleibt spannend zu sehen, welche neuen Anwendungsfälle in den kommenden Jahren entdeckt werden und wie sie unsere Welt zum Besseren verändern könnten.

Stablecoins: Die Brücke zur realen Welt

Was sind Stablecoins?

Stablecoins, auch als stabile Münzen bekannt, sind Kryptowährungen, die ihren Wert an einen anderen Vermögenswert, meistens eine Fiat-Währung wie den Euro oder den US-Dollar, koppeln. Diese Kryptowährungen sind in der Finanzwelt ein interessantes Phänomen, da sie die Vorteile der Blockchain-Technologie mit der Preisstabilität traditioneller Währungen kombinieren. Im Gegensatz zu volatilen Kryptowährungen wie Bitcoin oder Ethereum bieten Stablecoins eine gewisse Sicherheit und sind daher besonders für Anleger interessant, die sich vor extremen Preisschwankungen schützen möchten.

Die Mechanismen, die die Stabilität von Stablecoins gewährleisten, sind vielfältig. Einige Stablecoins sind durch reale Vermögenswerte wie Gold oder Immobilien abgesichert, während andere durch Algorithmen stabilisiert werden, die den Preis automatisch anpassen. Es gibt auch Stablecoins, die durch eine Kombination aus beiden Methoden stabilisiert werden. Diese Vielfalt an Stabilisierungsmechanismen macht Stablecoins zu einem flexiblen und vielseitigen Finanzinstrument.

Stablecoins spielen eine wichtige Rolle im Krypto-Ökosystem. Sie ermöglichen es den Nutzern, schnell und einfach zwischen volatilen Kryptowährungen und einem stabilen Wert zu wechseln, ohne dabei das Krypto-Ökosystem verlassen zu müssen. Dies ist besonders nützlich für Händler und Investoren, die ihre Gewinne sichern oder Verluste minimieren möchten. Darüber hinaus werden Stablecoins häufig als

Zahlungsmittel in dezentralen Anwendungen (dApps) verwendet, da sie eine stabilere Option als andere Kryptowährungen bieten.

Auch im traditionellen Finanzsektor gewinnen Stablecoins an Bedeutung. Sie bieten eine Möglichkeit für schnelle, kostengünstige und transparente grenzüberschreitende Transaktionen. Dies ist besonders für Länder mit instabilen Währungen oder eingeschränktem Zugang zu traditionellen Finanzdienstleistungen von Vorteil. Durch die Verwendung von Stablecoins können Menschen in diesen Ländern am globalen Handel teilnehmen und ihre finanzielle Situation verbessern.

Trotz ihrer Vorteile sind Stablecoins nicht ohne Risiken. Die Abhängigkeit von externen Vermögenswerten oder Algorithmen zur Aufrechterhaltung der Stabilität kann problematisch sein, insbesondere wenn es zu einem Vertrauensverlust in die zugrunde liegenden Mechanismen kommt. Zudem gibt es regulatorische Bedenken, da Stablecoins in einigen Ländern als Bedrohung für die finanzielle Stabilität angesehen werden. Daher ist es unerlässlich, dass Stablecoins sorgfältig reguliert und überwacht werden, um Risiken für die Nutzer und das Finanzsystem als Ganzes zu minimieren.

Stablecoins sind ein faszinierendes und vielversprechendes Finanzinstrument, das die Lücke zwischen traditionellen Währungen und Kryptowährungen schließt. Sie bieten sowohl im Krypto-Ökosystem als auch im traditionellen Finanzsektor zahlreiche Anwendungsmöglichkeiten und könnten in Zukunft eine immer wichtigere Rolle spielen. Dabei ist es entscheidend, die Balance zwischen Flexibilität und Sicherheit zu wahren, um das volle Potenzial dieser innovativen Währungsform auszuschöpfen.

Wie sie das Krypto-Ökosystem stabilisieren

Stablecoins sind nicht nur ein interessantes Finanzinstrument, sondern auch ein wesentlicher Bestandteil, der zur Stabilität des gesamten Krypto-Ökosystems beiträgt. Ihre Rolle als Puffer gegen die Volatilität anderer Kryptowährungen wie Bitcoin und Ethereum kann nicht hoch genug eingeschätzt werden. In Zeiten starker Preisschwankungen bieten Stablecoins eine sichere Zuflucht, die es Anlegern ermöglicht, ihre Positionen zu halten, ohne auf traditionelle Währungen ausweichen zu müssen. Dies fördert die Liquidität und das Vertrauen in Kryptomärkte, was wiederum mehr institutionelle Investoren anzieht.

Ein weiterer Faktor, der zur Stabilität des Krypto-Ökosystems beiträgt, ist die Möglichkeit des nahtlosen Handels zwischen verschiedenen Kryptowährungen. Stablecoins fungieren oft als Brücke zwischen verschiedenen Kryptowährungen und ermöglichen so einen effizienteren Handel. Dies ist besonders wichtig für dezentrale Börsen, die keine Fiat-Währungen unterstützen. Durch die Verwendung von Stablecoins als Handelspaar können Nutzer ihre Transaktionen vereinfachen und die Effizienz des gesamten Systems steigern.

Stablecoins haben auch das Potenzial, die Einführung von Kryptowährungen in der realen Welt zu fördern. Da sie weniger volatil sind, werden sie oft als Zahlungsmittel in verschiedenen Online-Plattformen und sogar in physischen Geschäften akzeptiert. Dies erhöht nicht nur die Verwendungsmöglichkeiten für Kryptowährungen, sondern trägt auch dazu bei, das allgemeine Verständnis und die Akzeptanz dieser neuen Form von Vermögenswerten zu erhöhen.

Darüber hinaus ermöglichen Stablecoins die Entwicklung von Finanzprodukten und -dienstleistungen im Krypto-Raum, die bisher aufgrund der hohen Volatilität nicht möglich waren. Denken Sie an Kreditvergabe, Versicherungen und sogar Rentenfonds, die auf Kryptowährungen basieren. Diese Finanzprodukte könnten das Krypto-Ökosystem erheblich diversifizieren und ihm eine zusätzliche Schicht der Robustheit verleihen.

Natürlich ist die Stabilisierung des Krypto-Ökosystems durch Stablecoins kein Selbstläufer. Es erfordert eine sorgfältige Regulierung und Überwachung, um sicherzustellen, dass die Stablecoins tatsächlich stabil bleiben und nicht manipuliert werden können. Dies ist eine Herausforderung, die sowohl von den Entwicklern der Stablecoins als auch von den Regulierungsbehörden ernst genommen werden muss.

In der Summe sind Stablecoins ein vielseitiges und leistungsstarkes Werkzeug, das das Krypto-Ökosystem auf verschiedene Weise stabilisiert. Sie fördern die Liquidität, erleichtern den Handel, ermöglichen die Entwicklung neuer Finanzprodukte und erhöhen die allgemeine Akzeptanz von Kryptowährungen. Durch ihre vielfältigen Anwendungsmöglichkeiten könnten sie eine Schlüsselrolle bei der Gestaltung der finanziellen Landschaft der Zukunft spielen.

Apropos spielen: Stablecoins spielen auch eine entscheidende Rolle bei der Risikominderung für Anleger. Durch die Möglichkeit, schnell und einfach in eine stabile Währung zu wechseln, können Anleger ihre Verluste in volatilen Marktphasen begrenzen. Dies ist besonders nützlich für diejenigen, die in Kryptowährungen investieren, aber nicht die Zeit oder das Fachwissen haben, ständig den Markt zu überwachen.

Ein weiterer Punkt, der nicht außer Acht gelassen werden sollte, ist die Rolle von Stablecoins bei der Finanzierung von Projekten im Krypto-Raum. Viele Initial Coin Offerings (ICOs) und Token-Verkäufe akzeptieren Stablecoins als Zahlungsmittel, was die Eintrittsbarriere für potenzielle Investoren senkt. Dies fördert die Entwicklung neuer Projekte und Technologien, die das Krypto-Ökosystem als Ganzes stärken könnten.

Darüber hinaus sind Stablecoins ein wichtiges Instrument für die Arbitrage zwischen verschiedenen Kryptobörsen. Arbitrageure nutzen Preisunterschiede für dieselbe Kryptowährung auf verschiedenen Börsen, um Gewinne zu erzielen. Stablecoins erleichtern diesen Prozess, da sie als verlässliche Basiswährung für den Kauf und Verkauf von volatilen Kryptowährungen dienen können. Dies trägt zur Preisstabilität und Liquidität im gesamten Krypto-Ökosystem bei.

Stablecoins könnten auch eine wichtige Rolle bei der Einführung von Kryptowährungen in Schwellenländern spielen, in denen der Zugang zu stabilen Währungen oft eingeschränkt ist. Durch die Verwendung von Stablecoins könnten Menschen in diesen Ländern eine zuverlässige Währung für den Handel und die Speicherung von Werten nutzen, was wiederum die wirtschaftliche Stabilität fördern könnte.

Die Governance von Stablecoins ist ebenfalls ein interessanter Punkt. Einige Stablecoins werden durch Algorithmen gesteuert, die automatisch die Geldmenge anpassen, um den Preis stabil zu halten. Diese Art von Governance könnte als Modell für die Entwicklung weiterer dezentralisierter Finanzsysteme dienen, die weniger anfällig für menschliche Fehler oder Manipulationen sind.

Ich möchte noch hervorheben, dass Stablecoins nicht nur ein Werkzeug zur Stabilisierung des Krypto-Ökosystems sind, sondern auch ein Katalysator für Innovation und Inklusion. Sie öffnen die Tür für eine Vielzahl von Anwendungen und Dienstleistungen, die das Potenzial haben, die Art und Weise, wie wir über Finanzen und Investitionen denken, grundlegend zu verändern.

Kryptowährungen und der traditionelle Finanzmarkt

Kryptowährungen in Portfolios

Die Integration von Kryptowährungen in Anlageportfolios ist ein Thema, das in den letzten Jahren immer mehr an Bedeutung gewonnen hat. Dabei geht es nicht nur um die Diversifikation, sondern auch um die Möglichkeit, von den hohen Renditen zu profitieren, die diese Anlageklasse bieten kann. Aber wie genau fügt man Kryptowährungen in ein bestehendes Portfolio ein und welche Überlegungen sollten dabei angestellt werden?

Zunächst einmal ist die Volatilität von Kryptowährungen ein entscheidender Faktor, der berücksichtigt werden muss. Im Vergleich zu traditionellen Anlageklassen wie Aktien oder Anleihen sind Kryptowährungen deutlich volatiler. Dies bedeutet, dass sie das Potenzial für hohe Renditen bieten, aber auch für erhebliche Verluste. Daher ist es ratsam, nur einen kleinen Prozentsatz des Gesamtportfolios in Kryptowährungen zu investieren. Einige Experten empfehlen, nicht mehr als 5-10% des Gesamtportfolios in Kryptowährungen zu halten.

Ein weiterer wichtiger Punkt ist die Liquidität. Während große Kryptowährungen wie Bitcoin und Ethereum in der Regel sehr liquide sind, kann dies bei kleineren, weniger bekannten Kryptowährungen ein Problem darstellen. Wenn Sie also in solche Währungen investieren möchten, sollten Sie die Liquidität und die damit verbundenen Risiken sorgfältig prüfen.

Die steuerlichen Implikationen sind ebenfalls ein nicht zu unterschätzender Faktor. In Deutschland unterliegen

Kryptowährungen der Abgeltungssteuer, und jeder Verkauf, der innerhalb eines Jahres nach dem Kauf erfolgt, wird besteuert. Daher ist es wichtig, die steuerlichen Auswirkungen Ihrer Investitionen im Auge zu behalten und gegebenenfalls professionelle Beratung in Anspruch zu nehmen.

Die Auswahl der richtigen Kryptowährung ist auch entscheidend. Während Bitcoin als "digitales Gold" gilt und oft als Wertspeicher oder Absicherung gegen Inflation angesehen wird, haben andere Kryptowährungen wie Ethereum oder Binance Coin unterschiedliche Anwendungsfälle und Risikoprofile. Eine gründliche Recherche und Analyse ist daher unerlässlich, bevor man sich für eine bestimmte Kryptowährung entscheidet.

Die Sicherheit der Aufbewahrung Ihrer Kryptowährungen ist ein weiteres wichtiges Thema. Hier gibt es verschiedene Möglichkeiten, von Online-Wallets bis hin zu Hardware-Wallets, die nicht mit dem Internet verbunden sind. Die Wahl der richtigen Aufbewahrungsmethode kann entscheidend sein, um das Risiko eines Diebstahls Ihrer Kryptowährungen zu minimieren.

Die Frage der Korrelation zwischen Kryptowährungen und anderen Anlageklassen ist ein weiterer Punkt, der bei der Integration in Portfolios berücksichtigt werden sollte. Während einige Studien nahelegen, dass Kryptowährungen eine geringe Korrelation zu traditionellen Märkten aufweisen, ist dies ein dynamisches Verhältnis, das sich mit der Zeit ändern kann. Ein geringer Korrelationskoeffizient kann dazu beitragen, das Risiko eines Portfolios zu mindern, aber es ist wichtig, diese Daten regelmäßig zu überprüfen.

Ein weiteres Thema ist die Regulierung. Der Kryptomarkt ist im Vergleich zu traditionellen Finanzmärkten weniger reguliert, was sowohl Chancen als auch Risiken birgt. Während weniger Regulierung mehr Freiheit und Flexibilität bieten kann, erhöht sie auch das Risiko von Betrug und Manipulation. Daher ist es ratsam, nur in Kryptowährungen und Projekte zu investieren, die transparent sind und eine gewisse Glaubwürdigkeit besitzen.

Die Technologie hinter den Kryptowährungen, meistens die Blockchain, ist ebenfalls ein entscheidender Faktor. Diese Technologie ermöglicht nicht nur die Existenz von Kryptowährungen, sondern hat auch das Potenzial, viele andere Bereiche zu revolutionieren, von der Lieferkette bis zum Gesundheitswesen. Ein Verständnis der zugrunde liegenden Technologie kann Ihnen dabei helfen, das Potenzial einer bestimmten Kryptowährung besser einzuschätzen.

Die Kostenstruktur beim Handel und der Aufbewahrung von Kryptowährungen kann auch variieren. Während einige Börsen niedrige Handelsgebühren anbieten, können die Kosten für die Übertragung von Kryptowährungen zwischen verschiedenen Wallets oder Börsen erheblich sein, insbesondere bei Netzwerken, die unter hoher Auslastung leiden. Diese Kosten sollten in Ihre Investitionsentscheidung einfließen.

Nicht zuletzt sollte die Frage der Ethik und Nachhaltigkeit nicht außer Acht gelassen werden. Einige Kryptowährungen, insbesondere Bitcoin, haben aufgrund ihres hohen Energieverbrauchs Kritik erfahren. Wenn Nachhaltigkeit für Sie ein wichtiger Faktor ist, könnten Sie sich für Kryptowährungen entscheiden, die einen geringeren ökologischen Fußabdruck haben oder die auf Proof-of-Stake oder ähnlichen Mechanismen basieren, die weniger energieintensiv sind.

Die Integration von Kryptowährungen in Ihr Portfolio fordert eine sorgfältige Planung und fortlaufende Überwachung. Es ist nicht nur eine Frage der Diversifikation und Rendite, sondern auch eine Gelegenheit, sich mit neuen Technologien und Anlageformen auseinanderzusetzen. Je besser Sie informiert sind, desto fundierter sind Ihre Entscheidungen. Daher ist eine kontinuierliche Bildung und Aktualisierung Ihres Wissens unerlässlich.

Der Einfluss auf Banken und Finanzinstitute

Die rasante Entwicklung von Kryptowährungen und Blockchain-Technologien hat weitreichende Auswirkungen auf Banken und Finanzinstitute. Diese Auswirkungen sind vielschichtig und reichen von disruptiven Veränderungen bis hin zu neuen Möglichkeiten für traditionelle Finanzdienstleister.

Beginnen wir mit dem Zahlungsverkehr. Kryptowährungen bieten die Möglichkeit, Transaktionen in Echtzeit und ohne die Notwendigkeit einer zentralen Vermittlungsstelle durchzuführen. Dies stellt eine direkte Herausforderung für Banken dar, die bisher als Mittelsmänner für solche Transaktionen fungiert haben. Die Geschwindigkeit und Effizienz von Krypto-Transaktionen könnten dazu führen, dass Kunden sich von traditionellen Bankdienstleistungen abwenden, insbesondere wenn diese mit höheren Gebühren und längeren Wartezeiten verbunden sind.

Ein weiterer Punkt ist die Kreditvergabe. Dezentrale Finanzplattformen, auch DeFi genannt, ermöglichen es den Nutzern, Kredite aufzunehmen oder zu vergeben, ohne dass eine Bank als Vermittler erforderlich ist. Dies könnte den Kreditmarkt revolutionieren und die Margen der Banken unter Druck setzen, die traditionell von der Differenz zwischen Einlagen- und Kreditzinsen profitieren.

Die Blockchain-Technologie selbst bietet jedoch auch Chancen für Banken. Sie könnte beispielsweise dazu verwendet werden, den Clearing- und Abwicklungsprozess von Finanztransaktionen zu optimieren, was zu

Kosteneinsparungen führt. Einige Banken experimentieren bereits mit eigenen Blockchain-Projekten oder schließen sich Konsortien an, um gemeinsame Lösungen zu entwickeln.

Die Anforderungen an die Compliance und Regulierung sind ebenfalls ein wichtiger Faktor. Kryptowährungen haben oft den Ruf, für illegale Aktivitäten genutzt zu werden, was Regulierungsbehörden auf den Plan ruft. Banken könnten hier eine Schlüsselrolle spielen, indem sie als vertrauenswürdige und regulierte Akteure im Krypto-Ökosystem fungieren. Sie könnten Dienstleistungen wie die Verwahrung von Kryptowährungen oder die Durchführung von Know-Your-Customer-Checks anbieten, um die Einhaltung von Gesetzen und Vorschriften zu gewährleisten.

Die Auswirkungen auf das Asset-Management sind ebenfalls nicht zu vernachlässigen. Kryptowährungen bieten eine neue Anlageklasse, die das Potenzial für hohe Renditen bietet, aber auch mit erheblichen Risiken verbunden ist. Banken und Finanzinstitute könnten ihre Expertise in der Risikobewertung und -minderung nutzen, um spezialisierte Krypto-Investmentfonds oder ähnliche Produkte anzubieten.

Die Liquidität ist ein weiterer Bereich, in dem Kryptowährungen und Blockchain-Technologien das traditionelle Bankwesen herausfordern. Durch die Einführung von Liquiditätspools und dezentralen Börsen können Nutzer nun direkt und ohne die Hilfe von Banken handeln. Dies könnte die Bedeutung von Banken als Liquiditätsanbieter mindern und sie zwingen, ihre Geschäftsmodelle anzupassen.

Neben der Liquidität spielt auch die Datensicherheit eine entscheidende Rolle. Blockchain-Technologien bieten eine erhöhte Sicherheit durch ihre dezentrale Struktur und die Verwendung von Kryptografie. Banken könnten diese Technologien nutzen, um ihre eigenen Sicherheitssysteme zu verbessern und das Vertrauen der Kunden zu stärken.

Gleichzeitig stellt die Anonymität, die Kryptowährungen bieten, eine Herausforderung für die Banken dar, insbesondere im Hinblick auf die Geldwäschebekämpfung.

Ein weiterer Punkt, der oft übersehen wird, ist die Auswirkung auf die Arbeitsplätze im Finanzsektor. Die Automatisierung von Prozessen durch Smart Contracts und andere Blockchain-Anwendungen könnte zu einem Rückgang der Arbeitsplätze in bestimmten Bereichen des Bankwesens führen. Dies erfordert eine strategische Neuausrichtung und möglicherweise auch eine Umschulung der Mitarbeiter.

Die Rolle der Zentralbanken bei der Emission von Kryptowährungen, oft als CBDCs (Central Bank Digital Currencies) bezeichnet, ist ebenfalls ein spannendes Thema. Einige Länder experimentieren bereits mit eigenen digitalen Währungen, was weitreichende Auswirkungen auf das traditionelle Bankensystem haben könnte. Zum Beispiel könnten CBDCs die Rolle der Geschäftsbanken bei der Geldschöpfung verändern und die Kontrolle der Zentralbanken über die Geldpolitik stärken.

Die Einführung von Kryptowährungen hat auch steuerliche Implikationen. Da Transaktionen auf der Blockchain transparent und nachverfolgbar sind, könnten sie eine effiziente Methode zur Steuererhebung bieten. Banken könnten in diesem Kontext als Vermittler zwischen den Steuerbehörden und den Bürgern fungieren, um die Steuerkonformität zu gewährleisten.

Zum Abschluss möchte ich die Bedeutung der Bildung und Aufklärung hervorheben. Da Kryptowährungen und Blockchain-Technologien immer komplexer werden, ist es für Banken unerlässlich, sowohl ihre Mitarbeiter als auch ihre Kunden ausreichend zu schulen.

Dies ist nicht nur für die Risikominimierung, sondern auch für die Erschließung neuer Geschäftsfelder von entscheidender Bedeutung. In diesem dynamischen Umfeld ist die kontinuierliche Weiterbildung der Schlüssel zum Erfolg.

Initial Coin Offerings (ICOs)

Was ist ein ICO?

Ein Initial Coin Offering (ICO) ist eine innovative Finanzierungsform, die in der Welt der Kryptowährungen und Blockchain-Technologien weit verbreitet ist. Im Kern handelt es sich um eine Methode, mit der Startups und Unternehmen Kapital aufnehmen können, indem sie digitale Token an Investoren verkaufen. Diese Token repräsentieren in der Regel einen Anteil am Projekt oder ermöglichen den Zugang zu einer bestimmten Dienstleistung innerhalb des Ökosystems des Unternehmens.

Die Dynamik eines ICOs ähnelt der einer Crowdfunding-Kampagne, jedoch mit dem Unterschied, dass die Investoren nicht nur eine finanzielle, sondern auch eine potenzielle Rendite in Form der Token selbst erwarten. Diese Token können nach dem ICO auf verschiedenen Kryptowährungsbörsen gehandelt werden, was den Investoren die Möglichkeit bietet, ihre Anteile zu verkaufen oder zu halten, in der Hoffnung, dass der Wert des Tokens steigt.

Ein wesentlicher Bestandteil eines jeden ICOs ist das sogenannte Whitepaper. In diesem Dokument legt das Unternehmen seine Geschäftspläne, Ziele, die Funktionsweise der Token und andere wichtige Informationen dar. Das Whitepaper dient als Grundlage für die Investoren, um die Tragfähigkeit und das Potenzial des Projekts zu bewerten.

Die Regulierung von ICOs ist ein heiß diskutiertes Thema. In vielen Ländern, darunter auch Deutschland, unterliegen ICOs strengen gesetzlichen Anforderungen, um den Anlegerschutz zu gewährleisten. Dazu gehören unter anderem die Identifizierung der Investoren und die Offenlegung von

Risiken. Trotz dieser Regulierungen gibt es immer wieder Fälle von Betrug und Missmanagement, weshalb potenzielle Investoren äußerst vorsichtig sein sollten.

Ein weiterer interessanter Punkt ist die Rolle von ICOs im Vergleich zu traditionellen Finanzierungsformen wie Venture Capital. Während Venture-Capital-Finanzierungen in der Regel nur für eine kleine Gruppe von vermögenden Investoren zugänglich sind, ermöglichen ICOs eine breitere Beteiligung. Dies demokratisiert den Investitionsprozess, bringt jedoch auch eine Reihe von Risiken mit sich, insbesondere für unerfahrene Anleger.

Im Kontext der Unternehmensentwicklung bieten ICOs auch die Möglichkeit, eine engagierte Community um ein Projekt herum aufzubauen. Die Token-Inhaber sind oft die ersten Nutzer der Plattform und tragen zur Verbreitung und Akzeptanz des Projekts bei. Dies kann besonders wertvoll sein, wenn es sich um ein Projekt handelt, das auf Netzwerkeffekte angewiesen ist.

Es sei noch gesagt, dass ICOs trotz ihrer Risiken und Herausforderungen eine faszinierende Entwicklung in der Finanzwelt darstellen. Sie haben das Potenzial, die Art und Weise, wie Unternehmen Kapital aufnehmen und wie Investoren in neue Projekte investieren, grundlegend zu verändern. Dabei bleibt jedoch zu beachten, dass die schnelle Evolution dieses Sektors sowohl Chancen als auch Fallstricke birgt. Deshalb ist es für alle Beteiligten entscheidend, sich kontinuierlich weiterzubilden und auf dem Laufenden zu bleiben.

Risiken und Chancen

Initial Coin Offerings (ICOs) sind eine zweischneidige Angelegenheit, die sowohl erhebliche Chancen als auch Risiken bergen. Auf der positiven Seite bieten sie eine revolutionäre Möglichkeit zur Kapitalbeschaffung, die die traditionellen Barrieren des Finanzsektors durchbricht. Startups und etablierte Unternehmen können durch den Verkauf von Token rasch Kapital aufnehmen, ohne sich den strengen Anforderungen traditioneller Finanzierungsquellen wie Banken oder Venture-Capital-Unternehmen unterwerfen zu müssen. Dies öffnet die Tür für innovative Ideen und Projekte, die sonst möglicherweise nie das Licht der Welt erblickt hätten.

Darüber hinaus ermöglichen ICOs eine breite Streuung des Investorenkreises. Im Gegensatz zu traditionellen Finanzierungsmodellen, die oft nur für vermögende oder institutionelle Anleger zugänglich sind, können bei einem ICO Menschen aus allen Gesellschaftsschichten investieren. Dies fördert die finanzielle Inklusion und ermöglicht es den Menschen, an der Finanzierung von Projekten teilzunehmen, an die sie glauben.

Allerdings ist diese Offenheit nicht ohne Risiken. Eines der größten Probleme im ICO-Bereich ist der Mangel an Regulierung und Aufsicht, der zu betrügerischen Praktiken führen kann. Obwohl in Deutschland und anderen Ländern Anstrengungen unternommen werden, um den Sektor zu regulieren, gibt es immer noch viele Grauzonen. Investoren könnten ihr gesamtes Kapital verlieren, wenn sie in ein betrügerisches oder schlecht verwaltetes Projekt investieren. Daher ist es unerlässlich, gründliche Due-Diligence-Prüfungen durchzuführen und sich umfassend über das betreffende Unternehmen und sein Team zu informieren.

Ein weiteres Risiko besteht in der Volatilität des Kryptomarktes. Selbst wenn ein ICO erfolgreich ist und das Unternehmen sein Versprechen hält, kann der Wert der Token durch Marktschwankungen erheblich beeinträchtigt werden. Investoren müssen sich dieser Unsicherheit bewusst sein und bereit sein, das damit verbundene Risiko zu tragen.

Aber nicht nur Investoren, auch die Unternehmen selbst stehen vor Herausforderungen. Der Erfolg eines ICOs garantiert nicht den Erfolg des Unternehmens. Ein plötzlicher Zustrom von Kapital kann zu schlechter Kapitalallokation und ineffizienter Ressourcennutzung führen, wenn das Unternehmen nicht über die erforderliche Erfahrung und Governance-Strukturen verfügt.

Trotz dieser Risiken bleibt die Faszination für ICOs ungebrochen. Sie bieten eine neue, agilere Form der Kapitalbeschaffung, die insbesondere für Startups attraktiv ist. Gleichzeitig ermöglichen sie es den Anlegern, frühzeitig in vielversprechende Projekte zu investieren und potenziell hohe Renditen zu erzielen. In diesem dynamischen Umfeld ist es jedoch entscheidend, dass sowohl Investoren als auch Unternehmen gut informiert sind und verantwortungsbewusst handeln. Nur so können die Chancen, die ICOs bieten, voll ausgeschöpft und die Risiken minimiert werden.

Die steuerlichen Implikationen von ICOs sind ein weiterer wichtiger Faktor, der sowohl für Investoren als auch für Unternehmen von Bedeutung ist. In Deutschland unterliegen Gewinne aus dem Verkauf von Token der Kapitalertragsteuer, und auch die Unternehmen müssen ihre Einnahmen aus dem ICO entsprechend versteuern. Dies kann kompliziert werden, insbesondere wenn das Unternehmen international tätig ist und unterschiedliche Steuergesetze berücksichtigen muss.

Neben den steuerlichen Herausforderungen gibt es auch rechtliche Fragen, die geklärt werden müssen. Zum Beispiel ist die Einordnung der Token als Wertpapier oder als Utility-Token entscheidend für die Art der Regulierung, der sie unterliegen. Ein Wertpapier-Token würde strengeren Regulierungen unterliegen und könnte den Zugang für Kleinanleger einschränken, während ein Utility-Token mehr Freiheiten bieten könnte, aber auch weniger Schutz für den Anleger.

Ein weiterer Punkt ist die Liquidität der Token nach dem ICO. Nicht alle Token werden an großen Kryptobörsen gelistet, was den Verkauf erschweren kann. Dies ist ein Risiko, das oft übersehen wird, aber entscheidend für die Rentabilität der Investition sein kann. Ein Token, der nicht leicht handelbar ist, kann für den Investor zu einem illiquiden Vermögenswert werden, der schwer zu monetarisieren ist.

Auch die Technologie hinter dem ICO sollte nicht außer Acht gelassen werden. Die Sicherheit der Blockchain und die Skalierbarkeit des Projekts sind entscheidende Faktoren für seinen langfristigen Erfolg. Ein Projekt mit einer unsicheren oder ineffizienten Technologie kann schnell an Wert verlieren und die Investition gefährden.

Ein engagiertes und aktives Netzwerk kann ein entscheidender Faktor für den Erfolg eines ICOs sein. Es kann als Multiplikator für die Verbreitung des Projekts dienen und zusätzliches Vertrauen schaffen. In einem Markt, der von Hype und Spekulation geprägt ist, kann eine starke Community den Unterschied zwischen Erfolg und Misserfolg ausmachen.

In diesem vielschichtigen Umfeld ist es für Investoren und Unternehmen gleichermaßen entscheidend, alle Faktoren sorgfältig abzuwägen. Die Entscheidung für oder gegen die Teilnahme an einem ICO sollte niemals leichtfertig getroffen werden. Es erfordert eine umfassende Analyse und ein tiefes Verständnis der damit verbundenen Risiken und Chancen.

Nur so kann man die vielfältigen Möglichkeiten, die ICOs bieten, wirklich nutzen und gleichzeitig die Risiken minimieren.

DeFi: Dezentrale Finanzierung

Was ist DeFi?

DeFi steht für "Dezentralisierte Finanzierung" und ist ein Überbegriff für eine Vielzahl von Finanzanwendungen in der Kryptowährung oder Blockchain, die darauf abzielen, traditionelle Finanzintermediäre wie Banken und Makler zu umgehen. DeFi-Plattformen ermöglichen es Menschen weltweit, Kredite aufzunehmen oder zu vergeben, Zinsen zu erzielen, Vermögenswerte zu handeln und eine Vielzahl anderer Finanztransaktionen durchzuführen - alles ohne die Notwendigkeit einer zentralen Institution oder eines Vermittlers.

Die Grundlage für DeFi ist die Blockchain-Technologie, meistens Ethereum. Durch Smart Contracts, die auf der Blockchain laufen, können komplexe Transaktionen und Vertragsbedingungen automatisiert und selbst ausgeführt werden. Dies reduziert nicht nur die Kosten, sondern erhöht auch die Transparenz und die Unveränderlichkeit der Transaktionen.

Ein weiterer Vorteil von DeFi ist die Inklusivität. Da DeFi-Anwendungen keine Kreditprüfungen durchführen oder persönliche Informationen benötigen, können Menschen aus aller Welt, die keinen Zugang zu traditionellen Bankdienstleistungen haben, am Finanzsystem teilnehmen. Dies hat das Potenzial, die finanzielle Inklusion auf globaler Ebene erheblich zu verbessern.

Allerdings ist DeFi nicht ohne Risiken. Die Smart Contracts sind nur so sicher wie der Code, der sie erstellt. Fehler im Code können zu massiven Verlusten führen, und es gibt keine Möglichkeit, die Transaktion rückgängig zu machen. Darüber hinaus sind DeFi-Plattformen häufig Ziel von Hackern, was die Risiken für die Nutzer erhöht.

Ein weiteres Risiko ist die Volatilität der Kryptowährungen, die in DeFi-Plattformen verwendet werden. Schwankungen im Wert von Kryptowährungen können die Rentabilität einer Investition schnell zunichtemachen. Daher ist es entscheidend, die Risiken sorgfältig abzuwägen und sich umfassend zu informieren, bevor man in DeFi investiert.

Die Regulierung von DeFi ist ein weiteres heiß diskutiertes Thema. Da DeFi-Plattformen dezentralisiert sind, ist es schwierig, sie zu regulieren oder zu überwachen. Dies könnte jedoch notwendig werden, um Betrug und kriminelle Aktivitäten zu verhindern. In Deutschland und der EU gibt es bereits Diskussionen darüber, wie DeFi reguliert werden könnte, ohne die Vorteile der Dezentralisierung zu beeinträchtigen.

DeFi ist ein faszinierendes und komplexes Feld mit enormem Potenzial, aber auch erheblichen Risiken. Es stellt eine Herausforderung für das traditionelle Finanzsystem dar und könnte dieses in den kommenden Jahren erheblich verändern. Dabei ist es entscheidend, dass sowohl Regulierungsbehörden als auch Einzelpersonen die Technologie und ihre Implikationen vollständig verstehen, um die Vorteile nutzen und die Risiken minimieren zu können.

Anwendungsfälle und Plattformen

DeFi, die Abkürzung für dezentralisierte Finanzen, hat eine Vielzahl von Anwendungsfällen und Plattformen hervorgebracht, die das traditionelle Finanzsystem revolutionieren könnten. Beginnen wir mit den Kreditplattformen, die es ermöglichen, Kredite aufzunehmen oder zu vergeben, ohne dass eine Bank als Mittelsmann fungiert. Hierbei kommt die Blockchain-Technologie zum Einsatz, um die Vertragsbedingungen und die Abwicklung der Kredite zu automatisieren. Bekannte Plattformen wie Aave und Compound haben bereits Millionen von Nutzern angezogen.

Ein weiterer interessanter Anwendungsfall sind dezentrale Börsen (DEX). Im Gegensatz zu traditionellen, zentralisierten Börsen ermöglichen DEX den direkten Handel zwischen den Nutzern. Uniswap und Sushiswap sind prominente Beispiele für solche Plattformen. Sie bieten nicht nur die Möglichkeit, verschiedene Kryptowährungen zu handeln, sondern auch sogenannte Liquidity Pools, in denen Nutzer ihre Kryptowährungen hinterlegen können, um Transaktionsgebühren als Belohnung zu erhalten.

Nicht zu vergessen sind die zahlreichen Yield-Farming- und Staking-Plattformen, die es Anlegern ermöglichen, durch das Hinterlegen von Kryptowährungen Zinsen zu verdienen. Diese Plattformen nutzen komplexe Algorithmen, um die bestmöglichen Renditen zu erzielen, und sind bei risikobereiten Investoren sehr beliebt.

Aber DeFi beschränkt sich nicht nur auf den Finanzsektor. Es gibt auch spannende Entwicklungen im Bereich der dezentralisierten Identität, Versicherungen und sogar im Kunstmarkt durch NFTs (Non-fungible Tokens). Plattformen wie Chainlink bieten dezentralisierte Orakeldienste, die es ermöglichen, externe Daten sicher in die Blockchain zu integrieren, was wiederum die Entwicklung von noch komplexeren Smart Contracts ermöglicht.

Trotz der vielen Möglichkeiten, die DeFi bietet, ist es unerlässlich, die damit verbundenen Risiken zu verstehen. Die Smart Contracts, die diese Plattformen antreiben, sind anfällig für Fehler und Sicherheitslücken, die zu erheblichen finanziellen Verlusten führen können. Zudem sind die Regulierungsbehörden in Deutschland und der EU zunehmend besorgt über die Möglichkeit von Geldwäsche und anderen illegalen Aktivitäten im DeFi-Bereich.

DeFi ist ein dynamisches und sich schnell entwickelndes Feld, das die Art und Weise, wie wir über Finanzen und Investitionen denken, grundlegend verändern könnte. Es bietet die Möglichkeit, ein inklusiveres und effizienteres Finanzsystem zu schaffen, stellt jedoch auch neue Herausforderungen in Bezug auf Sicherheit und Regulierung dar. Die Balance zwischen Innovation und Sicherheit wird entscheidend sein, um das volle Potenzial von DeFi zu erschließen.

Dezentrale autonome Organisationen, oft als DAOs bezeichnet, sind ein weiterer faszinierender Bereich innerhalb der DeFi-Landschaft. Diese Organisationen sind im Grunde genommen kollektive Investmentfonds, die durch Smart Contracts auf der Blockchain gesteuert werden. Mitglieder können durch den Kauf von Tokens, die Stimmrechte verleihen, in die Organisation eintreten und so kollektiv über Investitionen und andere Entscheidungen abstimmen. DAOs wie MakerDAO und Yearn.finance haben bereits erhebliche Summen verwaltet und bieten eine ganz neue Form der Unternehmensführung.

Ein weiterer Bereich, der in der DeFi-Welt an Bedeutung gewinnt, ist der der synthetischen Vermögenswerte. Plattformen wie Synthetix ermöglichen es den Nutzern, künstliche Versionen von Aktien, Rohstoffen oder sogar anderen Kryptowährungen zu schaffen und zu handeln. Diese synthetischen Vermögenswerte sind durch Kryptowährungen abgesichert und ermöglichen es den Nutzern, an den Preisbewegungen von Vermögenswerten teilzunehmen, ohne sie tatsächlich besitzen zu müssen.

Die Verschmelzung von DeFi und traditionellen Finanzprodukten ist ebenfalls ein spannendes Thema. Es gibt bereits erste Versuche, DeFi-Produkte in regulierte Finanzprodukte zu integrieren. So bieten einige Unternehmen in Deutschland bereits DeFi-basierte Sparpläne und Rentenprodukte an, die die Vorteile der Blockchain-Technologie nutzen, um höhere Renditen und geringere Gebühren zu bieten.

Aber nicht alles ist rosig im DeFi-Universum. Die Anonymität und der Mangel an Regulierung, die viele DeFi-Plattformen bieten, können auch für illegale Aktivitäten genutzt werden. Zudem sind die hohen Gasgebühren, insbesondere auf der Ethereum-Blockchain, ein Hindernis für die breite Akzeptanz von DeFi, insbesondere für Nutzer mit kleineren Investitionssummen.

In der DeFi-Welt gibt es also sowohl vielversprechende Möglichkeiten als auch ernsthafte Herausforderungen. Die Technologie steht noch am Anfang und es bleibt abzuwarten, welche Modelle sich durchsetzen werden. Was jedoch sicher ist, ist dass DeFi das Potenzial hat, die Finanzwelt nachhaltig zu verändern, indem es mehr Menschen Zugang zu Finanzdienstleistungen bietet und die Effizienz des Systems insgesamt steigert.

NFTs: Non-fungible Tokens

Was sind NFTs?

Nicht fungible Token, besser bekannt als NFTs, haben die digitale Welt im Sturm erobert und bieten eine neue Dimension der Verifizierung und des Eigentums von digitalen Vermögenswerten. Im Gegensatz zu Kryptowährungen wie Bitcoin oder Ethereum, die austauschbar und daher fungibel sind, ist jeder NFT einzigartig und nicht austauschbar. Dies ermöglicht die Schaffung von digitalen Unikaten, die von Kunstwerken bis hin zu Sammlerstücken reichen können.

Die Technologie hinter NFTs basiert auf Blockchain, die als dezentrales, transparentes und fälschungssicheres Register fungiert. Dies bedeutet, dass sobald ein NFT erstellt wurde, die Informationen darüber, einschließlich des Eigentümers und der Transaktionshistorie, für immer auf der Blockchain gespeichert sind. Dies bietet eine hohe Sicherheit und Transparenz, die in der digitalen Welt oft fehlt.

NFTs haben eine breite Palette von Anwendungen gefunden. Im Kunstbereich ermöglichen sie Künstlern, ihre Werke in digitaler Form zu verkaufen, ohne die Gefahr der Vervielfältigung. Darüber hinaus können Künstler Smart Contracts nutzen, um automatische Lizenzgebühren für zukünftige Verkäufe ihrer Kunstwerke zu erhalten. In der Musikindustrie können NFTs dazu verwendet werden, limitierte Editionen von Alben oder sogar einzelnen Songs zu verkaufen. Auch im Sportbereich sind NFTs auf dem Vormarsch, wo sie als Sammelkarten oder sogar als Tickets für Sportveranstaltungen verwendet werden können.

Aber NFTs sind nicht ohne Kontroversen. Die hohen Energiekosten, die mit der Erstellung und dem Transfer von

NFTs auf bestimmten Blockchains wie Ethereum verbunden sind, haben Bedenken hinsichtlich ihrer Umweltauswirkungen aufgeworfen. Zudem gibt es Fragen zur Urheberrechtsverletzung, da jeder digitale Inhalt potenziell als NFT verkauft werden könnte, unabhängig davon, wer der tatsächliche Urheber ist.

Ein weiterer interessanter Punkt ist die Frage der Besteuerung von NFTs. In Deutschland beispielsweise ist die steuerliche Behandlung von NFTs noch nicht vollständig geklärt, und es gibt eine laufende Debatte darüber, ob sie als digitale Vermögenswerte, Kunstwerke oder auf andere Weise besteuert werden sollten.

NFTs sind also weit mehr als nur eine Modeerscheinung. Sie haben das Potenzial, die Art und Weise, wie wir über Eigentum und Authentizität in der digitalen Welt denken, grundlegend zu verändern. Sie bieten neue Möglichkeiten für Künstler, Schöpfer und Sammler, bergen aber auch eine Reihe von Herausforderungen und Fragen, die in den kommenden Jahren noch geklärt werden müssen.

Anwendungsfälle und Beispiele

Nicht fungible Token, kurz NFTs, haben eine Vielzahl von Anwendungsfällen, die weit über den Bereich der Kunst hinausgehen. Sie sind zu einem wichtigen Instrument für die Verifizierung der Authentizität und des Eigentums von digitalen und sogar physischen Vermögenswerten geworden. In der Welt der Musik ermöglichen NFTs beispielsweise Künstlern, ihre Werke direkt an ihre Fans zu verkaufen, ohne die Notwendigkeit eines Mittelsmannes. Dies schafft eine engere Verbindung zwischen Künstler und Fan und ermöglicht es dem Künstler, mehr vom Verkauf zu profitieren.

In der Gaming-Industrie haben NFTs ebenfalls Einzug gehalten. Sie können als einzigartige, sammelbare Gegenstände innerhalb von Spielen verwendet werden. Diese Gegenstände können dann auf Marktplätzen für NFTs gehandelt werden, was den Spielern die Möglichkeit gibt, echtes Geld zu verdienen. Einige Spiele haben sogar begonnen, NFTs als Belohnungen für das Erreichen bestimmter Meilensteine oder das Abschließen von Herausforderungen einzuführen.

Im Bereich der Immobilien bieten NFTs eine interessante Möglichkeit, Eigentumsrechte zu tokenisieren. Ein Gebäude könnte in mehrere Token aufgeteilt werden, die dann einzeln verkauft werden könnten. Dies würde es Einzelpersonen ermöglichen, einen Bruchteil eines Gebäudes zu besitzen, ähnlich wie bei einem Immobilieninvestmentfonds, aber mit dem zusätzlichen Vorteil der Blockchain-Technologie für zusätzliche Sicherheit und Transparenz.

Auch im Bereich des geistigen Eigentums bieten NFTs interessante Möglichkeiten. Autoren könnten beispielsweise die Erstausgabe eines Buches als NFT verkaufen, was dem Käufer ein einzigartiges Sammlerstück bieten würde. Darüber hinaus könnten NFTs verwendet werden, um Patente und andere Formen des geistigen Eigentums zu verifizieren, was den Prozess der Lizenzierung und des Verkaufs dieser Rechte vereinfachen könnte.

NFTs haben sogar Anwendungen im Bereich der Identitätsverifizierung gefunden. Ein NFT könnte als digitaler Ausweis fungieren, der eine sichere und fälschungssichere Methode zur Verifizierung der Identität einer Person bietet. Dies könnte in einer Vielzahl von Szenarien nützlich sein, von der Überprüfung des Alters in Online-Plattformen bis hin zur Verifizierung der Identität in Wahlprozessen.

Trotz der vielfältigen Anwendungsmöglichkeiten sind NFTs nicht ohne ihre Herausforderungen. Fragen der Skalierbarkeit, der Umweltauswirkungen und der rechtlichen Anerkennung müssen noch geklärt werden. Aber eines ist sicher: NFTs haben das Potenzial, viele Aspekte unseres Lebens zu verändern, und es wird spannend sein zu sehen, welche neuen Anwendungen in den kommenden Jahren entwickelt werden.

Neben den bereits erwähnten Anwendungsfällen in Kunst, Musik, Gaming, Immobilien und Identitätsverifizierung haben NFTs auch in der Welt der Mode Fuß gefasst. Designer und Marken nutzen NFTs, um digitale Kleidungsstücke und Accessoires zu kreieren, die in virtuellen Welten oder als digitale Sammlerstücke getragen werden können. Diese digitalen Modeartikel können dann auf NFT-Marktplätzen gekauft, verkauft oder getauscht werden, was eine ganz neue Einnahmequelle für die Modeindustrie darstellt.

Im Bereich der Medien und des Journalismus könnten NFTs ebenfalls eine Rolle spielen. Journalistische Werke, Dokumentationen oder exklusive Interviews könnten als NFTs verkauft werden, was den Schöpfern eine neue Möglichkeit bietet, für ihre Arbeit entlohnt zu werden. Dies könnte insbesondere für freie Journalisten von Vorteil sein, die nicht an eine bestimmte Publikation gebunden sind.

NFTs finden auch Anwendung im Bereich der Wissenschaft. Forschungsergebnisse, wissenschaftliche Daten oder sogar genetische Informationen könnten als NFTs gespeichert werden. Dies würde nicht nur die Authentizität der Daten sicherstellen, sondern auch eine klare Zuordnung der Urheberschaft ermöglichen. Forscher könnten ihre Ergebnisse als NFT veröffentlichen und so eine neue Einnahmequelle erschließen.

Im Sportsektor haben NFTs ebenfalls Einzug gehalten. Sportvereine und Athleten nutzen sie, um Sammelkarten, Autogramme oder sogar besondere Momente in Form von NFTs zu verkaufen. Fans können diese NFTs kaufen und in ihrer digitalen Sammlung aufbewahren oder sie auf dem Sekundärmarkt weiterverkaufen.

Im Bereich der Philanthropie könnten NFTs eine neue Form des Fundraisings ermöglichen. Organisationen könnten einzigartige, digitale Assets als NFTs verkaufen, um Geld für wohltätige Zwecke zu sammeln. Der transparente und sichere Charakter der Blockchain-Technologie würde dabei helfen, das Vertrauen der Spender zu gewinnen.

NFTs haben also das Potenzial, zahlreiche Branchen grundlegend zu verändern und bieten eine Fülle von Möglichkeiten, die weit über das hinausgehen, was wir bisher gesehen haben. Sie sind ein faszinierendes Beispiel dafür, wie die Blockchain-Technologie genutzt werden kann, um traditionelle Geschäftsmodelle zu erweitern und zu verbessern.

Kryptowährungen und soziale Verantwortung

Krypto und Umwelt

Die Diskussion um die Umweltauswirkungen von Kryptowährungen hat in den letzten Jahren an Intensität gewonnen. Insbesondere Bitcoin steht aufgrund seines hohen Energieverbrauchs in der Kritik. Die Rechenleistung, die für das Mining von Bitcoin benötigt wird, verbraucht so viel Strom wie ganze Länder. Dies hat zur Folge, dass der CO_2-Fußabdruck der Kryptowährung enorm ist, was wiederum den Klimawandel beschleunigen könnte.

Aber es gibt auch positive Entwicklungen. Einige Kryptowährungen setzen auf umweltfreundlichere Konsensmechanismen wie Proof of Stake (PoS) anstelle des energieintensiven Proof of Work (PoW). PoS erfordert deutlich weniger Rechenleistung und ist somit energieeffizienter. Ethereum, eine der bekanntesten Kryptowährungen, plant beispielsweise, von PoW auf PoS umzusteigen, um seinen ökologischen Fußabdruck zu reduzieren.

Darüber hinaus gibt es Initiativen, die darauf abzielen, erneuerbare Energien für das Mining von Kryptowährungen zu nutzen. Solar- und Windenergie könnten hierbei eine Schlüsselrolle spielen. Einige Mining-Farmen haben bereits begonnen, erneuerbare Energien in ihren Betrieb zu integrieren, um die Umweltauswirkungen zu minimieren.

Im Kontext der Blockchain-Technologie, die Kryptowährungen zugrunde liegt, gibt es auch Anwendungen, die dem Umweltschutz dienen könnten. Beispielsweise könnten Lieferketten transparenter gestaltet werden, um den ökologischen Fußabdruck von Produkten nachvollziehbar zu machen. Oder denken Sie an Smart Contracts, die automatisch Spenden für Umweltschutzprojekte auslösen könnten, sobald bestimmte Bedingungen erfüllt sind.

Auch im Bereich der Umweltzertifikate und des CO_2-Handels könnten Kryptowährungen und Blockchain eine Rolle spielen. Durch die transparente und fälschungssichere Speicherung von Daten könnten Emissionsrechte effizienter und gerechter gehandelt werden. Dies würde Unternehmen anspornen, ihre CO_2-Emissionen zu reduzieren, da ein transparenter Markt für Emissionsrechte geschaffen würde.

Trotz dieser positiven Entwicklungen darf man nicht vergessen, dass die Kryptoindustrie noch in den Kinderschuhen steckt, wenn es um nachhaltige Praktiken geht. Es gibt zwar Fortschritte, aber es bleibt noch viel zu tun. Die Branche muss sich der Herausforderung stellen, ihre Technologien so zu gestalten, dass sie nicht nur finanzielle, sondern auch ökologische Vorteile bieten.

In diesem Sinne ist die Debatte um Krypto und Umwelt nicht nur eine Herausforderung, sondern auch eine Gelegenheit. Sie zwingt die Branche, innovativ zu sein und Lösungen zu finden, die sowohl wirtschaftlich als auch ökologisch nachhaltig sind. Und genau das macht die Auseinandersetzung mit diesem Thema so spannend und vielschichtig.

Die Diskussion um die Umweltauswirkungen von Kryptowährungen hat auch die Regulierungsbehörden auf den Plan gerufen. In einigen Ländern gibt es bereits Gesetzesinitiativen, die den Energieverbrauch von Krypto-Mining begrenzen oder besteuern wollen. Diese regulatorischen Maßnahmen könnten einen signifikanten Einfluss auf die Rentabilität des Minings und damit auf die gesamte Kryptoindustrie haben.

Ein weiterer interessanter Punkt ist die Rolle von Krypto-Assets im Bereich der grünen Finanzierung. Es gibt bereits spezielle Krypto-Token, die an umweltfreundliche Projekte gekoppelt sind. Diese Token können von Investoren erworben werden, die nicht nur eine finanzielle Rendite, sondern auch einen positiven ökologischen Einfluss erzielen möchten. So könnten Kryptowährungen paradoxerweise dazu beitragen, Kapital für umweltfreundliche Projekte zu mobilisieren.

Auch die Verwendung von Kryptowährungen im Alltag sollte nicht außer Acht gelassen werden. Mobile Zahlungsapps, die Kryptowährungen verwenden, könnten den Bedarf an physischem Geld und damit auch die Produktion von Münzen und Banknoten reduzieren, was wiederum Ressourcen spart.

Die Kryptoindustrie selbst ist sich der Umweltproblematik zunehmend bewusst und es gibt Bestrebungen, nachhaltigere Geschäftsmodelle zu entwickeln. Einige Unternehmen im Krypto-Sektor haben sich sogar selbst verpflichtet, bis zu einem bestimmten Zeitpunkt klimaneutral zu werden. Sie investieren in erneuerbare Energien und kompensieren ihren CO_2-Ausstoß durch den Kauf von Klimazertifikaten.

Nicht zuletzt sollte man auch den Bildungseffekt berücksichtigen. Die Debatte um die Umweltauswirkungen von Kryptowährungen hat viele Menschen dazu gebracht, sich intensiver mit Themen wie Energieverbrauch und Klimawandel auseinanderzusetzen. Dies könnte langfristig zu einem bewussteren Umgang mit Ressourcen und zu mehr Engagement im Bereich des Umweltschutzes führen.

Es zeigt sich also, dass das Thema Krypto und Umwelt eine dynamische Entwicklung durchläuft. Es gibt sowohl Risiken als auch Chancen, und die Kryptoindustrie steht vor der Aufgabe, ihre Technologien und Geschäftsmodelle so anzupassen, dass sie den ökologischen Herausforderungen gerecht werden. Dabei spielen sowohl technologische Innovationen als auch gesellschaftliche und politische Faktoren eine Rolle. Es ist ein Gebiet, das ständig in Bewegung ist und uns noch viele interessante Entwicklungen bescheren wird.

Soziale Projekte und Kryptowährungen

Die Verbindung von Kryptowährungen und sozialen Projekten mag auf den ersten Blick ungewöhnlich erscheinen, doch bei genauerer Betrachtung eröffnen sich vielfältige Möglichkeiten. Kryptowährungen bieten eine Reihe von Vorteilen, die sie zu einem interessanten Instrument für soziale Initiativen machen können. Dazu gehört vor allem die Transparenz, die durch die Blockchain-Technologie ermöglicht wird. Spenden können in Echtzeit verfolgt werden, was die Rechenschaftspflicht erhöht und das Vertrauen in soziale Projekte stärkt.

Ein weiterer Vorteil ist die globale Reichweite von Kryptowährungen. Soziale Projekte, die in entlegenen oder wirtschaftlich benachteiligten Gebieten tätig sind, können durch den Einsatz von Kryptowährungen leichter Spenden aus aller Welt erhalten. Die Transaktionskosten sind oft geringer als bei traditionellen Zahlungsmethoden, und die Transaktionen erfolgen schneller.

Aber nicht nur Spenden können durch Kryptowährungen effizienter gestaltet werden. Auch die Projektfinanzierung selbst kann von den Möglichkeiten der Blockchain profitieren. Durch sogenannte Smart Contracts können finanzielle Mittel automatisch freigegeben werden, sobald bestimmte, vorher festgelegte Bedingungen erfüllt sind. Das minimiert den administrativen Aufwand und ermöglicht eine agile Projektsteuerung.

Die Krypto-Community selbst zeigt sich oft sehr engagiert, wenn es um soziale Projekte geht. Es gibt zahlreiche Initiativen, die sich darauf spezialisiert haben, Kryptowährungen für wohltätige Zwecke zu sammeln. Manchmal werden sogar spezielle Tokens geschaffen, die ausschließlich für soziale Projekte verwendet werden können. Diese Tokens können dann von den Unterstützern erworben und direkt an die Projekte gespendet werden.

Natürlich gibt es auch Herausforderungen und Risiken, die berücksichtigt werden müssen. Die Volatilität von Kryptowährungen kann ein Problem darstellen, insbesondere wenn die gesammelten Mittel über einen längeren Zeitraum hinweg benötigt werden. Zudem ist die Regulierung von Kryptowährungen noch nicht in allen Ländern eindeutig geklärt, was zu rechtlichen Unsicherheiten führen kann.

Die Kryptoindustrie ist sich dieser Herausforderungen bewusst und arbeitet an Lösungen. Es gibt bereits spezielle Wallets und Plattformen, die speziell für den Einsatz in sozialen Projekten entwickelt wurden. Diese bieten zusätzliche Sicherheitsfunktionen und ermöglichen eine bessere Kontrolle der gesammelten Mittel.

In der Gesamtschau lässt sich feststellen, dass Kryptowährungen das Potenzial haben, die Landschaft der sozialen Projekte nachhaltig zu verändern. Sie bieten neue Möglichkeiten der Finanzierung und Durchführung, die es ermöglichen, effizienter und transparenter zu arbeiten. Gleichzeitig ist es wichtig, die damit verbundenen Risiken ernst zu nehmen und entsprechende Sicherheitsmaßnahmen zu treffen. Es ist ein spannendes Feld, das in den kommenden Jahren sicherlich noch viele innovative Ansätze hervorbringen wird.

Die Einbindung von Kryptowährungen in soziale Projekte öffnet auch die Tür für innovative Formen der Zusammenarbeit und des Engagements. Crowdfunding-Plattformen, die auf Kryptowährungen setzen, ermöglichen es beispielsweise, kleinere Projekte zu finanzieren, die sonst vielleicht nicht die nötige Aufmerksamkeit erhalten würden. Durch die Möglichkeit, Mikrotransaktionen durchzuführen, können auch Menschen mit geringeren finanziellen Mitteln einen Beitrag leisten.

Ein weiterer interessanter Punkt ist die Möglichkeit der Tokenisierung von sozialen Projekten. Durch die Ausgabe eigener Tokens können Projekte nicht nur finanzielle Mittel generieren, sondern auch eine Community um sich herum aufbauen. Diese Community-Mitglieder können dann durch den Besitz von Tokens an Entscheidungsprozessen teilnehmen oder bestimmte Dienstleistungen in Anspruch nehmen. Das schafft eine engere Bindung zwischen dem Projekt und seinen Unterstützern und kann die langfristige Nachhaltigkeit des Projekts fördern.

Die Verwendung von Kryptowährungen kann auch dazu beitragen, die finanzielle Inklusion zu fördern. In vielen Teilen der Welt haben Menschen keinen Zugang zu traditionellen Bankdienstleistungen. Kryptowährungen können hier eine Brücke bauen und es ermöglichen, dass auch diese Menschen an sozialen Projekten teilhaben oder diese unterstützen können.

Natürlich darf man auch die ethischen Fragen nicht außer Acht lassen, die sich aus der Verwendung von Kryptowährungen ergeben. Da viele Kryptowährungen weitgehend anonym sind, besteht die Gefahr, dass sie für illegale Aktivitäten verwendet werden könnten. Projekte müssen daher sicherstellen, dass sie die Herkunft der Spenden genau überprüfen, um nicht in rechtliche Schwierigkeiten zu geraten.

Die Schnittstelle zwischen Kryptowährungen und sozialen Projekten ist ein dynamisches Feld, das ständig neue Möglichkeiten und Herausforderungen bietet. Von der Finanzierung über die Projektsteuerung bis hin zur ethischen Dimension gibt es viele Faktoren, die berücksichtigt werden müssen. Doch trotz aller Herausforderungen bietet dieser Bereich ein enormes Potenzial für Innovationen, die das soziale Engagement auf eine neue Ebene heben können.

Skalierbarkeit und Zukunft der Blockchain

Herausforderungen der Skalierbarkeit

Die Skalierbarkeit der Blockchain-Technologie ist ein Thema, das in der Fachwelt intensiv diskutiert wird. Während die Blockchain in vielen Bereichen, von der Finanzwelt bis hin zur Lieferkette, revolutionäre Veränderungen verspricht, stellt die Skalierbarkeit eine der größten Herausforderungen dar. Die Frage, wie man eine immer größer werdende Anzahl von Transaktionen effizient verarbeiten kann, steht im Mittelpunkt dieser Diskussion.

Ein Hauptproblem ist die Begrenzung der Transaktionsgeschwindigkeit. Traditionelle Systeme wie Visa können Tausende von Transaktionen pro Sekunde verarbeiten. Im Vergleich dazu sind viele Blockchain-Systeme, insbesondere Bitcoin, deutlich langsamer. Dies liegt unter anderem an der Art und Weise, wie Transaktionen in Blöcken gebündelt und dann in die Kette eingefügt werden. Jeder Block benötigt eine gewisse Zeit zur Validierung durch das Netzwerk, was die Gesamtgeschwindigkeit des Systems begrenzt.

Ein weiterer kritischer Punkt ist der Speicherbedarf. Da jede Transaktion in der Blockchain gespeichert wird und die Kette mit der Zeit wächst, steigt auch der Bedarf an Speicherplatz. Dies kann insbesondere für kleinere Teilnehmer, die keinen Zugang zu großen Rechenzentren haben, problematisch sein.

Verschiedene Ansätze versuchen, diese Herausforderungen zu bewältigen. Einer davon ist die Einführung von sogenannten Sidechains, die parallel zur Hauptkette laufen und spezielle Aufgaben übernehmen können. Ein anderer Ansatz ist das

Sharding, bei dem die Datenbank in kleinere, leichter zu handhabende Segmente aufgeteilt wird. Auch das Konzept des Layer-2, eine zweite Ebene, die auf der Hauptblockchain aufbaut, wird als Lösung in Erwägung gezogen. Diese ermöglicht es, Transaktionen außerhalb der Hauptkette zu verarbeiten und somit die Geschwindigkeit und Effizienz des Systems zu erhöhen.

Trotz dieser innovativen Lösungsansätze bleibt die Skalierbarkeit ein komplexes Thema, das eine Reihe von technischen und organisatorischen Herausforderungen mit sich bringt. Die Wahl der richtigen Skalierungsstrategie kann von vielen Faktoren abhängen, einschließlich der spezifischen Anforderungen des jeweiligen Anwendungsfalls und der vorhandenen technologischen Infrastruktur.

Die Skalierbarkeit ist nicht nur eine technische Herausforderung, sondern auch eine Frage der Akzeptanz. Ein System, das nicht in der Lage ist, mit einer wachsenden Nutzerbasis und einem steigenden Transaktionsvolumen umzugehen, wird Schwierigkeiten haben, sich langfristig durchzusetzen. Daher ist die Skalierbarkeit ein entscheidender Faktor für die Zukunftsfähigkeit der Blockchain-Technologie. Sie bleibt ein aktives Forschungsfeld, das ständig neue Lösungen und Optimierungen hervorbringt. Nur durch die kontinuierliche Weiterentwicklung und Anpassung wird es möglich sein, das volle Potenzial der Blockchain auszuschöpfen und sie erfolgreich in einer Vielzahl von Anwendungsfällen zu implementieren.

Die Energieeffizienz ist ein weiterer Faktor, der bei der Skalierbarkeit der Blockchain-Technologie eine Rolle spielt. Insbesondere Proof-of-Work-Systeme wie Bitcoin verbrauchen enorme Mengen an Energie für die Validierung von Transaktionen. Dies wirft nicht nur ethische Fragen im Hinblick auf den Klimawandel auf, sondern ist auch ein Hindernis für die Skalierbarkeit. Alternativen wie Proof-of-

Stake oder Delegated Proof-of-Stake versuchen, dieses Problem zu lösen, indem sie den Energieverbrauch drastisch reduzieren.

Die Interoperabilität zwischen verschiedenen Blockchain-Systemen ist ebenfalls ein Thema, das in der Diskussion um die Skalierbarkeit oft übersehen wird. Wenn Blockchains nicht miteinander kommunizieren können, entstehen isolierte Ökosysteme, die das Potenzial der Technologie einschränken. Lösungen wie Cross-Chain-Protokolle und Brücken zwischen verschiedenen Blockchains könnten dieses Problem adressieren und so die Skalierbarkeit verbessern.

Die Governance der Blockchain ist ein weiterer Punkt, der für die Skalierbarkeit entscheidend sein kann. Wer entscheidet über Änderungen im Protokoll oder über die Einführung neuer Skalierungslösungen? In einem dezentralen System ist die Entscheidungsfindung kompliziert und kann die Implementierung von Skalierungsstrategien verlangsamen.

Die Benutzerfreundlichkeit spielt ebenfalls eine Rolle. Ein System, das schwer zu verstehen oder zu nutzen ist, wird Schwierigkeiten haben, eine breite Akzeptanz zu finden. Verbesserungen in der Benutzeroberfläche und der Benutzererfahrung können daher als indirekte Skalierungsmaßnahmen betrachtet werden, da sie die Akzeptanz und damit das Transaktionsvolumen erhöhen.

Sicherheit ist ein weiteres Thema, das im Kontext der Skalierbarkeit nicht vernachlässigt werden darf. Je komplexer die Skalierungslösungen werden, desto mehr potenzielle Angriffspunkte könnten sie bieten. Daher muss jede Skalierungsstrategie auch die Auswirkungen auf die Sicherheit des Systems berücksichtigen.

Die Skalierbarkeit der Blockchain bleibt ein dynamisches Feld, das von einer Vielzahl von Faktoren beeinflusst wird. Von der Energieeffizienz über die Interoperabilität bis hin zur

Governance und Sicherheit gibt es viele Herausforderungen, die bewältigt werden müssen, um die Technologie für eine breite Palette von Anwendungen zugänglich zu machen. Und während die Skalierbarkeit eine der größten Herausforderungen für die Blockchain darstellt, ist sie auch eine der spannendsten, da sie die Tür zu einer Vielzahl von innovativen Anwendungen und Diensten öffnet, die das Potenzial haben, unsere Welt zu verändern.

Lösungsansätze

Die Skalierbarkeit der Blockchain ist ein komplexes Thema, das eine Vielzahl von Lösungsansätzen erfordert. Eine der bekanntesten Strategien ist die Implementierung von Layer-2-Lösungen, die als sekundäre Protokolle auf der Haupt-Blockchain operieren. Durch die Auslagerung von Transaktionen auf diese sekundären Ebenen kann die Hauptkette entlastet werden, was zu einer schnelleren Verarbeitung und geringeren Kosten führt. Lightning Network für Bitcoin und Raiden Network für Ethereum sind prominente Beispiele für Layer-2-Lösungen.

Ein weiterer Ansatz zur Verbesserung der Skalierbarkeit ist die Verwendung von Sidechains. Diese sind eigenständige Blockchains, die mit der Hauptkette verbunden sind und spezielle Aufgaben übernehmen können. Durch die Entkopplung bestimmter Prozesse von der Hauptkette können Sidechains die Leistungsfähigkeit des gesamten Systems erhöhen, ohne die Sicherheit der Hauptkette zu beeinträchtigen.

Sharding ist eine weitere vielversprechende Technologie, die das Potenzial hat, die Skalierbarkeit drastisch zu erhöhen. Bei diesem Ansatz wird die Blockchain in kleinere Segmente, sogenannte Shards, unterteilt. Jeder Shard kann unabhängig voneinander Transaktionen verarbeiten, was die

Gesamtleistung des Netzwerks erhöht. Ethereum 2.0 plant, Sharding als einen seiner Hauptmechanismen für die Skalierbarkeit einzuführen.

Die Konsensmechanismen selbst sind ebenfalls Gegenstand intensiver Forschung und Entwicklung. Der Übergang von energieintensiven Mechanismen wie dem Proof-of-Work zu effizienteren Alternativen wie dem Proof-of-Stake kann nicht nur den Energieverbrauch reduzieren, sondern auch die Transaktionsgeschwindigkeit erhöhen. Cardano und Polkadot sind Beispiele für Projekte, die auf Proof-of-Stake setzen.

Die Interoperabilität, die Fähigkeit verschiedener Blockchains, miteinander zu kommunizieren und zu interagieren, ist ein weiterer Bereich, der für die Skalierbarkeit von Bedeutung ist. Durch die Schaffung von Brücken zwischen verschiedenen Blockchains können Ressourcen und Informationen effizienter geteilt werden. Cosmos und Polkadot sind Projekte, die sich auf die Verbesserung der Interoperabilität konzentrieren.

Die Benutzerfreundlichkeit darf bei all diesen technischen Überlegungen nicht vernachlässigt werden. Ein System, das für den Durchschnittsnutzer unzugänglich ist, wird Schwierigkeiten haben, eine breite Akzeptanz zu finden. Daher sind auch Anstrengungen zur Verbesserung der Benutzeroberfläche und der Benutzererfahrung integraler Bestandteil jeder umfassenden Skalierungsstrategie.

Die Governance-Modelle, die die Entscheidungsfindung innerhalb der Blockchain-Netzwerke steuern, sind ebenfalls ein wichtiger Faktor. Dezentrale autonome Organisationen (DAOs) und Governance-Token sind Beispiele für Mechanismen, die eine effiziente und demokratische Entscheidungsfindung ermöglichen können.

Die Sicherheit bleibt ein zentrales Anliegen. Mit zunehmender Komplexität der Skalierungslösungen steigt auch das Risiko von

Sicherheitslücken. Daher muss jede Skalierungsstrategie auch die potenziellen Auswirkungen auf die Sicherheit des Systems sorgfältig bewerten.

In der Welt der Blockchain-Technologie ist die Suche nach effektiven Skalierungsstrategien ein fortlaufender Prozess, der ständige Anpassungen und Innovationen erfordert. Es ist ein spannendes Feld, das ständig neue Möglichkeiten und Herausforderungen bietet. Und während die Skalierbarkeit eine der größten Herausforderungen für die Blockchain darstellt, ist sie auch eine der spannendsten, da sie die Tür zu einer Vielzahl von innovativen Anwendungen und Diensten öffnet, die das Potenzial haben, unsere Welt zu verändern.

Die Einführung von Zero-Knowledge-Proofs stellt eine weitere interessante Methode zur Verbesserung der Skalierbarkeit und gleichzeitig der Privatsphäre dar. Diese Technologie ermöglicht es, Transaktionen zu validieren, ohne sensible Informationen preiszugeben. Zcash ist ein Beispiel für eine Kryptowährung, die Zero-Knowledge-Proofs verwendet, um sowohl Privatsphäre als auch Effizienz zu gewährleisten.

Ein weiterer vielversprechender Ansatz ist die Verwendung von Optimistic Rollups. Diese Technologie bündelt mehrere Transaktionen zu einer einzigen, die dann auf der Hauptkette verifiziert wird. Das spart nicht nur Zeit, sondern reduziert auch die Gebühren und entlastet die Netzwerkressourcen. Ethereum hat bereits mit der Implementierung von Optimistic Rollups in seinem Netzwerk begonnen, um die Skalierbarkeit zu verbessern.

Die Entwicklung von State Channels ist ein weiterer Schritt in Richtung effizienterer Blockchain-Systeme. In einem State Channel können mehrere Transaktionen außerhalb der Hauptkette abgewickelt und dann als eine einzige Transaktion auf die Hauptkette übertragen werden. Das reduziert die Last auf das Netzwerk und ermöglicht schnellere Transaktionen.

Die Fragmentierung von Smart Contracts ist ein weiterer innovativer Ansatz. Anstatt einen großen, komplexen Smart Contract zu verwenden, können kleinere, spezialisierte Smart Contracts entwickelt werden, die jeweils eine bestimmte Funktion erfüllen. Diese können dann bei Bedarf kombiniert werden, was die Effizienz und Flexibilität des Systems erhöht.

Die Einführung von Künstlicher Intelligenz (KI) in die Blockchain-Technologie könnte ebenfalls eine Rolle bei der Lösung von Skalierbarkeitsproblemen spielen. Durch maschinelles Lernen könnten Algorithmen entwickelt werden, die Transaktionen effizienter sortieren und verarbeiten, was die Gesamtleistung des Netzwerks verbessern würde.

Die Verwendung von Multi-Signature-Wallets kann auch zur Verbesserung der Skalierbarkeit beitragen. Diese Wallets erfordern die Genehmigung von mehreren Parteien, bevor eine Transaktion durchgeführt werden kann, was die Sicherheit erhöht und gleichzeitig die Geschwindigkeit der Transaktionsverarbeitung verbessert.

Die Entwicklung von Hardware-Lösungen, wie spezialisierten ASICs für den Konsensmechanismus, könnte ebenfalls eine Möglichkeit sein, die Skalierbarkeit zu verbessern. Durch die Verwendung von Hardware, die speziell für die Verarbeitung von Blockchain-Transaktionen entwickelt wurde, könnte die Geschwindigkeit und Effizienz des Systems erhöht werden.

Die Einbindung von Cloud-Technologien kann ebenfalls zur Skalierbarkeit beitragen. Durch die Auslagerung bestimmter rechenintensiver Prozesse in die Cloud könnten Ressourcen effizienter genutzt und die Leistung des Netzwerks verbessert werden.

Die Skalierbarkeit der Blockchain ist ein dynamisches Feld, das ständige Innovation und Anpassung erfordert. Es gibt keinen Einheitsansatz, sondern eine Vielzahl von Strategien, die in

Kombination miteinander die besten Ergebnisse liefern können. Die Herausforderungen sind groß, aber die Möglichkeiten, die sich aus ihrer Lösung ergeben, sind es auch. Die Blockchain-Technologie steht noch am Anfang ihrer Entwicklung und es ist aufregend zu beobachten, wie sie sich weiterentwickelt und an die wachsenden Anforderungen einer digitalisierten Welt anpasst.

Kryptowährungen und Datenschutz

Anonymität und Transparenz

Anonymität und Transparenz sind zwei Begriffe, die in der Welt der Kryptowährungen und der Blockchain-Technologie oft als Gegensätze betrachtet werden. Doch in Wirklichkeit können sie als zwei Seiten derselben Medaille angesehen werden, die in einem komplexen Gleichgewicht miteinander stehen. Die Anonymität bietet den Nutzern die Freiheit, Transaktionen, ohne die Offenlegung ihrer Identität durchzuführen. Dies ist besonders in Ländern mit restriktiven Regierungen oder in Situationen, in denen die Privatsphäre von entscheidender Bedeutung ist, ein unschätzbarer Vorteil.

Transparenz hingegen ist das, was die Blockchain-Technologie so revolutionär macht. Jede Transaktion ist für jeden, der Zugang zur Blockchain hat, sichtbar. Dies schafft ein System, in dem Betrug und Korruption viel schwieriger zu verbergen sind. Aber diese Transparenz kann auch problematisch sein, wenn sie dazu führt, dass sensible Informationen leicht zugänglich sind. Daher gibt es Technologien wie Zero-Knowledge-Proofs, die es ermöglichen, Transaktionen zu validieren, ohne sensible Informationen preiszugeben.

Die Balance zwischen Anonymität und Transparenz ist auch für die Regulierung von Kryptowährungen von Bedeutung. Auf der einen Seite wollen Regierungen sicherstellen, dass Kryptowährungen nicht für illegale Aktivitäten wie Geldwäsche oder Steuerhinterziehung verwendet werden. Auf der anderen Seite gibt es Bedenken hinsichtlich des Datenschutzes und der persönlichen Freiheit. In Deutschland beispielsweise sind Datenschutz und Anonymität besonders wichtige Anliegen, und es gibt strenge Gesetze, die den Missbrauch von persönlichen Daten verhindern sollen. Daher ist die Regulierung von Kryptowährungen in Deutschland ein besonders heikles Thema, das sorgfältig angegangen werden muss.

Ein weiterer wichtiger Punkt ist die Rolle der Unternehmen und Organisationen, die Blockchain-Technologien entwickeln und anbieten. Diese Unternehmen haben die Verantwortung, Systeme zu schaffen, die sowohl sicher als auch benutzerfreundlich sind. Sie müssen auch sicherstellen, dass ihre Produkte den gesetzlichen Anforderungen entsprechen, was angesichts der sich ständig ändernden Regulierungslandschaft eine Herausforderung sein kann.

Die Technologie selbst entwickelt sich ebenfalls weiter, um dieses Gleichgewicht zu finden. Es gibt bereits Kryptowährungen, die speziell entwickelt wurden, um den Nutzern mehr Privatsphäre zu bieten. Monero und Zcash sind Beispiele für Kryptowährungen, die auf Anonymität und Datenschutz ausgerichtet sind. Gleichzeitig gibt es Bemühungen, die Transparenz der Blockchain zu nutzen, um soziale und ökologische Projekte zu fördern. Durch die Verwendung von Smart Contracts können zum Beispiel Spenden für wohltätige Zwecke transparent und nachvollziehbar gemacht werden.

In der Geschäftswelt wird die Blockchain-Technologie ebenfalls genutzt, um Transparenz zu schaffen. Supply-Chain-Management ist ein Bereich, in dem die Blockchain dazu verwendet werden kann, den gesamten Produktionsprozess von der Herstellung bis zum Verkauf nachvollziehbar zu machen. Dies ist nicht nur für die Unternehmen selbst von Vorteil, sondern auch für die Verbraucher, die immer mehr Wert auf nachhaltige und ethisch produzierte Produkte legen.

Die Frage der Anonymität und Transparenz in der Welt der Kryptowährungen und der Blockchain ist ein faszinierendes Thema, das viele verschiedene Bereiche berührt. Von der persönlichen Freiheit und dem Datenschutz bis hin zur Unternehmensverantwortung und der Regulierung gibt es viele Faktoren, die berücksichtigt werden müssen. Es ist ein ständiges Abwägen und Anpassen, das von vielen verschiedenen Akteuren beeinflusst wird. Aber eines ist sicher: Die Technologie bietet das Potenzial, sowohl die Anonymität als auch die Transparenz in einer Weise zu verbessern, die vorher nicht möglich war. Und das macht sie zu einem der spannendsten und vielversprechendsten Entwicklungen unserer Zeit.

Die Debatte um Anonymität und Transparenz in der Kryptowelt erstreckt sich auch auf die ethischen Dimensionen dieser Technologien. Während Anonymität in vielen Fällen als ein Mittel zur Wahrung der Privatsphäre und zur Vermeidung von Überwachung angesehen wird, kann sie auch missbraucht werden. Beispielsweise können anonyme Transaktionen die Finanzierung von Terrorismus oder anderen illegalen Aktivitäten erleichtern. Daher ist die Frage, wie man ein Gleichgewicht zwischen dem Schutz der Privatsphäre und der Verhinderung von Missbrauch findet, von zentraler Bedeutung.

Ein weiterer Punkt, der oft übersehen wird, ist die Rolle der Miner in Bezug auf Anonymität und Transparenz. Miner sind diejenigen, die Transaktionen verifizieren und zur Blockchain hinzufügen. Sie haben somit einen erheblichen Einfluss auf die Funktionsweise des Systems. Einige Blockchain-Systeme ermöglichen es den Minern, Transaktionen zu priorisieren oder sogar zu zensieren, was sowohl positive als auch negative Auswirkungen haben kann. In einem transparenten System könnte dies dazu führen, dass bestimmte Transaktionen bevorzugt werden, während in einem anonymen System die Möglichkeit besteht, dass illegale Transaktionen leichter durchgeführt werden können.

Die Schnittstelle zwischen Kryptowährungen und traditionellen Finanzsystemen ist ein weiterer Bereich, der sowohl Anonymität als auch Transparenz beeinflusst. Kryptowährungsbörsen, Wallet-Dienste und andere Finanzdienstleister spielen eine entscheidende Rolle in der Kryptowirtschaft. Diese Dienste sind oft die Gateways zwischen der Kryptowelt und der traditionellen Finanzwelt, und sie haben ihre eigenen Anforderungen in Bezug auf Know-Your-Customer (KYC) und Anti-Geldwäsche (AML) Vorschriften. Diese Vorschriften können die Anonymität beeinträchtigen, bieten jedoch auch eine gewisse Sicherheit und Transparenz.

Die Technologie hinter Kryptowährungen und Blockchain entwickelt sich ständig weiter, und es gibt viele innovative Ansätze, um die Herausforderungen in Bezug auf Anonymität und Transparenz zu bewältigen. Zum Beispiel gibt es Projekte, die versuchen, die Energieeffizienz von Kryptowährungen zu verbessern, um ihre Umweltauswirkungen zu minimieren. Andere Projekte konzentrieren sich auf die Entwicklung von "Privacy Coins", die speziell darauf ausgelegt sind, die Anonymität der Nutzer zu schützen.

Auch die Rechtsprechung spielt eine wichtige Rolle. Gerichtsentscheidungen können weitreichende Auswirkungen auf die Anonymität und Transparenz von Kryptowährungen haben. In Deutschland und der EU gibt es bereits mehrere Fälle, in denen Gerichte entschieden haben, dass Kryptowährungen als Vermögenswerte oder sogar als Geld angesehen werden können, was wiederum Auswirkungen auf ihre Regulierung und Besteuerung hat.

Die Themen Anonymität und Transparenz können in der Kryptowelt nicht isoliert betrachtet werden können. Sie sind eng mit ethischen, technologischen, regulatorischen und sogar juristischen Fragen verknüpft. Die Herausforderung besteht darin, einen Mittelweg zu finden, der die Vorteile beider Konzepte maximiert, während die damit verbundenen Risiken minimiert werden. Es ist ein dynamisches Feld, das ständige Anpassungen und Innovationen erfordert, um den sich ändernden Anforderungen und Möglichkeiten gerecht zu werden.

Datenschutzbedenken

Datenschutzbedenken sind in der Welt der Kryptowährungen und der Blockchain-Technologie ein heiß diskutiertes Thema. Die Debatte reicht von der Anonymität der Transaktionen bis hin zur Speicherung persönlicher Daten in dezentralen Netzwerken. In Deutschland, wo der Datenschutz einen hohen Stellenwert hat, sind diese Bedenken besonders ausgeprägt.

Beginnen wir mit der Frage der Anonymität, die oft als einer der größten Vorteile von Kryptowährungen angesehen wird. Während Bitcoin und andere Kryptowährungen in der Anfangszeit als nahezu anonym galten, hat sich diese Wahrnehmung im Laufe der Zeit geändert. Durch fortschrittliche Techniken der Datenanalyse ist es heute möglich, Transaktionen auf der Blockchain bis zu einem gewissen Grad zurückzuverfolgen. Dies wirft ernsthafte Fragen hinsichtlich des Datenschutzes auf, insbesondere wenn es um sensible Informationen wie finanzielle Transaktionen geht.

Ein weiteres Thema, das oft zur Sprache kommt, ist die Datenspeicherung. Die Blockchain ist im Grunde ein öffentliches Ledger, das für jeden einsehbar ist. Das bedeutet, dass alle Transaktionen, die jemals durchgeführt wurden, für immer auf der Blockchain gespeichert sind. Dies stellt ein potenzielles Risiko dar, insbesondere wenn persönliche Daten in die Blockchain eingefügt werden. Einmal dort gespeichert, können diese Daten nicht mehr gelöscht oder geändert werden, was im Widerspruch zu den Datenschutzgesetzen wie der Europäischen Datenschutz-Grundverordnung (DSGVO) steht.

Die Rolle der Kryptowährungsbörsen und Wallet-Dienste ist ebenfalls von Bedeutung. Diese Plattformen sind oft die Schnittstelle zwischen der Kryptowelt und der traditionellen Finanzwelt. Sie erfordern in der Regel eine Art von Identitätsüberprüfung, um den gesetzlichen Anforderungen zu entsprechen. Dies kann jedoch dazu führen, dass persönliche Daten gesammelt und gespeichert werden, was wiederum ein Risiko für den Datenschutz darstellt.

Die Regulierung spielt auch eine entscheidende Rolle bei der Bewältigung von Datenschutzbedenken. In Deutschland und der gesamten EU gibt es strenge Datenschutzgesetze, die den Umgang mit persönlichen Daten regeln. Diese Gesetze können jedoch schwer durchsetzbar sein, wenn es um dezentrale Netzwerke wie die Blockchain geht. Daher ist es wichtig, dass sowohl Gesetzgeber als auch Technologieentwickler zusammenarbeiten, um Lösungen zu finden, die den Datenschutz gewährleisten, ohne die Innovation zu behindern.

Ein interessanter Ansatz zur Lösung dieser Probleme ist die Verwendung von Zero-Knowledge-Proofs und anderen fortschrittlichen kryptografischen Techniken. Diese ermöglichen es, Transaktionen zu verifizieren, ohne sensible Informationen preiszugeben. Solche Technologien könnten den Weg für einen verbesserten Datenschutz in der Kryptowelt ebnen.

Die Frage der Datensicherheit ist ein weiteres dringendes Anliegen, das eng mit dem Datenschutz verknüpft ist. Während die Blockchain-Technologie als inhärent sicher gilt, sind Kryptowährungsbörsen und Wallets oft Ziel von Cyberangriffen. Ein erfolgreicher Angriff kann nicht nur zu finanziellen Verlusten führen, sondern auch persönliche Daten von Nutzern kompromittieren. Dies wirft ernsthafte Bedenken hinsichtlich der Datensicherheit auf und stellt die Integrität der gesamten Kryptowährungslandschaft in Frage.

Ein weiterer Punkt, der oft übersehen wird, ist die Rolle von Drittanbietern, die Analyse- und Tracking-Dienste anbieten. Diese Unternehmen sammeln Daten über Transaktionen und Nutzerverhalten, oft ohne das Wissen oder die Zustimmung der Nutzer. Die gesammelten Daten können für verschiedene Zwecke verwendet werden, von der Marktanalyse bis zur Überwachung, und stellen ein weiteres potenzielles Datenschutzrisiko dar.

Die Verwendung von Smart Contracts bringt ebenfalls Datenschutzbedenken mit sich. Diese automatisierten Verträge können dazu verwendet werden, komplexe Transaktionen und Interaktionen auf der Blockchain auszuführen. Da sie jedoch auf einer öffentlichen Blockchain laufen, sind die darin enthaltenen Informationen für jeden sichtbar. Dies kann problematisch sein, wenn Smart Contracts persönliche oder sensible Daten enthalten.

Die Debatte um den Datenschutz erstreckt sich auch auf die Governance von Blockchain-Projekten. Viele Projekte setzen auf dezentrale Organisationsformen, die die Macht und Kontrolle über das Netzwerk auf seine Nutzer verteilen. Während dies in vielen Fällen als positiv angesehen wird, kann es auch zu Datenschutzproblemen führen. Ohne eine zentrale Instanz, die für den Datenschutz verantwortlich ist, kann es schwierig sein, Datenschutzstandards durchzusetzen und zu überwachen.

Die Interoperabilität zwischen verschiedenen Blockchains und traditionellen Finanzsystemen ist ein weiteres Thema, das den Datenschutz beeinflussen kann. Mit der zunehmenden Verbreitung von Blockchain-Technologie steigt auch der Bedarf an Schnittstellen zwischen verschiedenen Systemen. Diese Interoperabilität kann jedoch dazu führen, dass Daten zwischen Systemen übertragen werden, die unterschiedliche Datenschutzstandards haben, was ein weiteres Risiko darstellt.

Die Rolle der Regulierungsbehörden sollte nicht unterschätzt werden. Während es in Deutschland strenge Datenschutzgesetze gibt, ist die globale Natur der Blockchain-Technologie eine Herausforderung für die Durchsetzung dieser Gesetze. Internationale Zusammenarbeit und Standards könnten hier Abhilfe schaffen, aber dies ist ein langwieriger und komplizierter Prozess.

Zum Abschluss möchte ich betonen, dass der Datenschutz in der Kryptowelt ein dynamisches und vielschichtiges Thema ist, das ständige Aufmerksamkeit erfordert. Die Technologie entwickelt sich rasch weiter, und mit ihr auch die potenziellen Risiken für den Datenschutz. Es ist daher unerlässlich, dass alle Beteiligten, von Entwicklern über Regulierungsbehörden bis hin zu den Nutzern selbst, aktiv an der Gestaltung und Implementierung von Datenschutzmaßnahmen arbeiten. Nur so kann das volle Potenzial der Blockchain-Technologie realisiert werden, ohne Kompromisse beim Schutz der Privatsphäre zu machen.

Krypto-Community und Netzwerkeffekte

Die Rolle der Community

Die Rolle der Community in der Welt der Kryptowährungen und der Blockchain-Technologie kann kaum überschätzt werden. Von der Entwicklung bis zur Adaption, von der Governance bis zur Problembehebung, die Gemeinschaft ist das Rückgrat jedes erfolgreichen Projekts. Beginnen wir mit der Entwicklungsphase: Hier sind es oft engagierte Einzelpersonen und Entwicklerteams, die die Grundlagen für neue Projekte legen. Doch ohne eine aktive Community, die Feedback gibt, den Code überprüft und sogar zur Weiterentwicklung beiträgt, wäre der Fortschritt erheblich langsamer.

Ein weiterer entscheidender Faktor ist die Finanzierung. In der Anfangsphase eines Projekts kann die Community durch Crowdfunding oder Token-Sales erhebliche finanzielle Ressourcen bereitstellen. Diese Finanzierungsmethoden sind nicht nur effektiv, sondern stärken auch das Gemeinschaftsgefühl, da jeder Beitragende sich als Teil des Projekts fühlt. Dies schafft eine starke Bindung zwischen den Entwicklern und der Community, die für den langfristigen Erfolg des Projekts von unschätzbarem Wert ist.

Die Governance ist ein weiteres Feld, in dem die Community eine entscheidende Rolle spielt. Viele Blockchain-Projekte setzen auf dezentrale Organisationsmodelle, bei denen Entscheidungen kollektiv getroffen werden. Durch Abstimmungsmechanismen, oft implementiert durch Smart Contracts, können Mitglieder der Community direkt Einfluss auf die Entwicklung des Projekts nehmen.

Dies reicht von der Änderung technischer Spezifikationen bis hin zur Einführung neuer Funktionen oder sogar zur Wahl von Verwaltungsteams.

Die Community ist auch ein wichtiges Instrument für die Qualitätssicherung und Problembehebung. Durch das kollektive Wissen und die Erfahrung der Gemeinschaft können Fehler schnell identifiziert und behoben werden. Dies ist besonders wichtig in einem Umfeld, das so technisch komplex und sich ständig weiterentwickelnd ist wie die Blockchain-Technologie. Darüber hinaus dient die Community als erste Anlaufstelle für neue Mitglieder, bietet Unterstützung und fördert die Bildung, was wiederum zur weiteren Verbreitung und Akzeptanz der Technologie beiträgt.

Die Community ist auch ein entscheidender Faktor für die soziale Validierung und das Vertrauen in ein Projekt. In einem Markt, der von Volatilität und Unsicherheit geprägt ist, kann eine starke und engagierte Community als Vertrauensanker dienen. Dies ist besonders wichtig für neue Nutzer, die sich auf die Erfahrungen und Empfehlungen von etablierten Community-Mitgliedern verlassen können.

Die Bedeutung der Community erstreckt sich auch auf ethische und soziale Fragen. Durch kollektive Entscheidungsfindung können ethische Standards gesetzt und durchgesetzt werden, die weit über das hinausgehen, was durch externe Regulierung allein erreicht werden könnte. Dies ist besonders relevant in Bereichen wie Datenschutz, Transparenz und sozialer Verantwortung.

Die Community ist nicht nur ein passiver Konsument, sondern ein aktiver Gestalter, der die Richtung und den Erfolg eines Projekts maßgeblich beeinflusst. Sie ist der Katalysator für Innovation, der Treiber für Qualität und der Wächter der ethischen Integrität. In einer Welt, die immer komplexer und vernetzter wird, ist die Fähigkeit zur kollektiven Aktion und

Entscheidungsfindung ein unschätzbarer Vorteil, der das Potenzial hat, die Art und Weise, wie wir Technologie entwickeln und nutzen, grundlegend zu verändern.

Die Rolle der Community in der Krypto- und Blockchain-Welt geht weit über die technische Entwicklung und Reputationsbildung hinaus. Ein weiterer entscheidender Faktor ist die Governance, also die Art und Weise, wie Entscheidungen innerhalb eines Projekts getroffen werden. Viele Blockchain-Projekte setzen auf dezentrale Governance-Modelle, bei denen die Community direkt an Entscheidungsprozessen beteiligt ist. Durch Abstimmungen können Mitglieder beispielsweise über Änderungen im Code, die Einführung neuer Funktionen oder die Verteilung von Ressourcen entscheiden. Dies fördert nicht nur die Transparenz, sondern stärkt auch das Gemeinschaftsgefühl und die Identifikation mit dem Projekt.

Ein weiterer Bereich, in dem die Community eine wichtige Rolle spielt, ist die Bildung und Aufklärung. Insbesondere in einem so komplexen und sich schnell verändernden Feld wie der Kryptowelt ist es entscheidend, dass Wissen zugänglich und verständlich vermittelt wird. Hier kommen oft Community-getriebene Initiativen ins Spiel, die von Online-Kursen und Webinaren bis hin zu detaillierten Anleitungen und FAQs reichen. Diese Ressourcen sind oft die ersten Anlaufstellen für Einsteiger und bieten einen niedrigschwelligen Zugang zum Thema.

Die Community ist auch ein wichtiges Instrument für die Netzwerksicherheit. Durch das kollektive Interesse am Erfolg eines Projekts entsteht eine Art „Schwarmintelligenz", die dazu beiträgt, Schwachstellen und Angriffsvektoren frühzeitig zu erkennen. Viele Augen sehen mehr als zwei, und in der Kryptowelt kann dies den Unterschied zwischen dem Erfolg und dem Scheitern eines Projekts ausmachen.

Darüber hinaus dient die Community oft als Katalysator für

Partnerschaften und Kooperationen. Durch den Austausch in Foren, auf Social-Media-Plattformen oder bei Veranstaltungen entstehen oft fruchtbare Beziehungen, die in gemeinsamen Projekten, Investitionen oder sogar Fusionen münden können. Nicht selten sind es die Community-Mitglieder selbst, die solche Verbindungen initiieren und fördern, was wiederum dem gesamten Ökosystem zugutekommt.

Zu guter Letzt darf die emotionale Komponente nicht unterschätzt werden. Die Leidenschaft und das Engagement der Community können eine starke motivierende Wirkung haben, die weit über finanzielle Anreize hinausgeht. Dieser „Spirit" kann in schwierigen Zeiten als wichtiger Resilienzfaktor dienen und dazu beitragen, dass ein Projekt auch Rückschläge und Krisen übersteht.

In der Krypto- und Blockchain-Welt ist die Community also weit mehr als nur eine Ansammlung von Nutzern oder Investoren. Sie ist das Herzstück jedes Projekts und spielt eine Schlüsselrolle in fast jedem Bereich, von der technischen Entwicklung und Governance bis hin zur Bildung, Sicherheit und emotionalen Bindung. Ohne eine aktive, engagierte und gut informierte Community wäre der langfristige Erfolg der meisten Projekte kaum denkbar.

Netzwerkeffekte und ihr Einfluss

Netzwerkeffekte sind ein Phänomen, das in der Krypto- und Blockchain-Welt eine besondere Bedeutung erlangt hat. Sie bezeichnen die Tendenz eines Systems, an Wert zu gewinnen, je mehr Menschen es nutzen. In einem dezentralen Kontext wie der Blockchain können Netzwerkeffekte sowohl positive als auch negative Auswirkungen haben, und sie spielen eine entscheidende Rolle bei der Entwicklung und dem Erfolg eines Projekts.

Beginnen wir mit den positiven Netzwerkeffekten. Diese treten auf, wenn die zunehmende Nutzung eines Netzwerks zu einer Verbesserung der Dienstleistung führt. Ein klassisches Beispiel ist ein soziales Netzwerk: Je mehr Menschen es nutzen, desto wertvoller wird es für jeden Einzelnen, da die Wahrscheinlichkeit steigt, Freunde oder Geschäftspartner zu finden. In der Krypto-Welt sehen wir ähnliche Effekte bei Währungen wie Bitcoin oder Ethereum. Je mehr Menschen diese Währungen nutzen und akzeptieren, desto stabiler und wertvoller werden sie. Dies zieht wiederum mehr Nutzer an, was den Wert weiter steigert.

Doch Netzwerkeffekte können auch negative Seiten haben. Ein Beispiel dafür ist die Überlastung des Netzwerks. Wenn zu viele Transaktionen durchgeführt werden, kann dies zu Verzögerungen und erhöhten Gebühren führen. Dies war beispielsweise bei Ethereum während des ICO-Booms im Jahr 2017 der Fall. Ein weiteres Problem kann die Zentralisierung sein. Obwohl Blockchain-Technologie im Kern dezentral ist, können Netzwerkeffekte dazu führen, dass wenige große Spieler zu viel Macht erlangen. Dies widerspricht dem Grundgedanken der Dezentralisierung und kann die Sicherheit und Integrität des Netzwerks gefährden.

Netzwerkeffekte spielen auch eine wichtige Rolle bei der Token-Ökonomie. Viele Krypto-Projekte vergeben Tokens als Anreiz für die Nutzung ihrer Plattform. Diese Tokens können dann für Dienstleistungen innerhalb des Netzwerks verwendet oder auf dem freien Markt gehandelt werden. Wenn ein Netzwerk wächst und mehr Menschen die Tokens nutzen, steigt deren Wert, was wiederum mehr Menschen anzieht. Dies schafft einen positiven Feedback-Loop, der das Wachstum des Netzwerks beschleunigen kann.

Aber auch hier lauern Gefahren. Wenn die Token-Ökonomie schlecht gestaltet ist, kann dies zu einer Überbewertung und letztlich zu einer Blase führen. Zudem können Netzwerkeffekte dazu führen, dass die Verteilung der Tokens sehr ungleich ist, was wiederum die Zentralisierung fördert.

In der Krypto-Welt sind Netzwerkeffekte also ein zweischneidiges Schwert. Sie können ein Projekt zum Erfolg führen, aber auch zu seinem Untergang beitragen. Deshalb ist es entscheidend, dass Entwickler und Community-Mitglieder die Netzwerkeffekte verstehen und aktiv steuern. Dies kann durch kluge Governance, eine gut durchdachte Token-Ökonomie und ständige Überwachung der Netzwerkaktivitäten geschehen.

Im Endeffekt sind Netzwerkeffekte ein faszinierendes Phänomen, das die Dynamik der Krypto- und Blockchain-Welt in vielerlei Hinsicht prägt. Sie sind sowohl Treiber als auch Hindernis für Innovation und stellen eine der größten Herausforderungen für die nachhaltige Entwicklung dezentraler Systeme dar. Es bleibt spannend zu beobachten, wie sich Netzwerkeffekte in den kommenden Jahren entwickeln und welche neuen Modelle und Mechanismen erfunden werden, um ihre positiven und negativen Auswirkungen zu steuern.

Netzwerkeffekte gehen weit über die Grenzen der Technologie hinaus. Sie spielen eine entscheidende Rolle in sozialen Netzwerken, Marktplätzen und sogar in der Politik. In der Welt der Kryptowährungen und der Blockchain-Technologie sind Netzwerkeffekte oft der Schlüssel zum Erfolg oder Misserfolg eines Projekts. Ein interessanter Punkt ist die Rolle der Netzwerkeffekte bei der Schaffung von Vertrauen. In einem dezentralen System, in dem es keine zentrale Autorität gibt, ist Vertrauen ein knappes Gut. Netzwerkeffekte können dazu beitragen, dieses Vertrauen zu schaffen, indem sie eine kritische Masse von Nutzern anziehen, die das System validieren und stärken.

Ein weiterer Punkt, der oft übersehen wird, ist die Rolle der Netzwerkeffekte bei der Schaffung von Standards. In der Anfangsphase eines jeden Technologiemarkts gibt es oft mehrere konkurrierende Standards. Netzwerkeffekte können dazu führen, dass sich ein Standard durchsetzt, was wiederum die Adoption der Technologie beschleunigt. Dies ist besonders relevant für Blockchain-Projekte, die oft mit Interoperabilitätsproblemen zu kämpfen haben.

Die Netzwerkeffekte beeinflussen auch die Governance von Blockchain-Projekten. In dezentralen Systemen ist die Entscheidungsfindung oft ein komplexer und langwieriger Prozess, der die Beteiligung einer großen Anzahl von Stakeholdern erfordert. Netzwerkeffekte können diesen Prozess erleichtern, indem sie eine größere und aktivere Community anziehen, die an der Governance teilnimmt. Dies kann wiederum zur Entwicklung von effizienteren und demokratischeren Entscheidungsfindungsmechanismen führen.

Ein weiterer interessanter Punkt ist die Rolle der Netzwerkeffekte bei der Schaffung von Netzwerksicherheit. Je größer und aktiver ein Netzwerk ist, desto schwieriger wird es für Angreifer, das System zu kompromittieren. Dies ist besonders wichtig für öffentliche Blockchains, die anfällig für Angriffe wie den 51%-Angriff sind. Netzwerkeffekte können also als eine Art Sicherheitsmechanismus fungieren, der das System vor externen Bedrohungen schützt.

Die Netzwerkeffekte haben auch einen erheblichen Einfluss auf die Wirtschaftlichkeit von Blockchain-Projekten. Sie können dazu beitragen, die Netzwerkkosten zu senken und die Rentabilität zu erhöhen, was wiederum mehr Entwickler und Unternehmer anzieht. Dies schafft einen positiven Feedback-Loop, der das Wachstum und den Erfolg des Projekts weiter beschleunigt.

Abschließend lässt sich sagen, dass Netzwerkeffekte ein vielschichtiges und mächtiges Werkzeug sind, das in der Welt der Blockchain und der Kryptowährungen eine entscheidende Rolle spielt. Sie beeinflussen alles, von der Netzwerksicherheit und der Governance bis hin zur Wirtschaftlichkeit und dem Vertrauen. Daher ist es unerlässlich, die Mechanismen und Dynamiken der Netzwerkeffekte zu verstehen, um die Chancen und Risiken, die sie mit sich bringen, voll ausschöpfen zu können.

Kryptowährungen in Schwellenländern

Krypto als finanzielle Inklusion

Kryptowährungen und die zugrunde liegende Blockchain-Technologie haben das Potenzial, die finanzielle Inklusion weltweit zu fördern. Insbesondere in Ländern, in denen der Zugang zu traditionellen Bankdienstleistungen begrenzt ist, können Kryptowährungen eine wichtige Rolle spielen. Sie ermöglichen es den Menschen, Transaktionen durchzuführen, ohne auf ein Bankkonto angewiesen zu sein. Dies ist besonders relevant für Menschen in ländlichen Gebieten, die oft keinen einfachen Zugang zu Bankfilialen haben.

Ein weiterer Vorteil der Verwendung von Kryptowährungen für finanzielle Inklusion ist die Möglichkeit der Mikrofinanzierung. Traditionelle Banken sind oft zögerlich, kleine Kredite zu vergeben, da der Verwaltungsaufwand in keinem Verhältnis zum Ertrag steht. Kryptowährungen können dieses Problem lösen, indem sie den Prozess automatisieren und die Kosten senken. Dies ermöglicht es den Menschen, kleine Kredite aufzunehmen, um ein Geschäft zu gründen oder ihre Ausbildung zu finanzieren.

Die Transparenz und Unveränderlichkeit der Blockchain bieten auch Möglichkeiten zur Bekämpfung von Korruption und Betrug. In vielen Ländern ist das Finanzsystem anfällig für Manipulationen, was die finanzielle Inklusion weiter erschwert. Durch die Verwendung einer öffentlichen Ledger-Technologie können alle Transaktionen verifiziert und nachverfolgt werden, was das Risiko von Betrug minimiert.

Die Kryptowährungen bieten auch die Möglichkeit für grenzüberschreitende Transaktionen ohne die üblichen hohen Gebühren und Wechselkursverluste. Dies ist besonders wichtig für Menschen, die Geld an ihre Familien in anderen Ländern senden müssen. Durch die Verwendung von Kryptowährungen können sie dies schnell und kostengünstig tun, was wiederum zur finanziellen Inklusion beiträgt.

Allerdings gibt es auch Herausforderungen und Risiken, die berücksichtigt werden müssen. Einer der Hauptnachteile ist die Volatilität der Kryptowährungen, die für die finanziell benachteiligten Menschen ein erhebliches Risiko darstellen kann. Darüber hinaus erfordert die Verwendung von Kryptowährungen ein gewisses Maß an technischem Verständnis, das viele Menschen nicht haben. Es gibt auch regulatorische Bedenken, da viele Länder noch keine klaren Richtlinien für den Umgang mit Kryptowährungen haben.

Trotz dieser Herausforderungen gibt es bereits zahlreiche Initiativen, die darauf abzielen, die finanzielle Inklusion durch den Einsatz von Kryptowährungen zu fördern. Dazu gehören Bildungsprogramme, die darauf abzielen, das technische Verständnis der Menschen zu verbessern, sowie Partnerschaften mit lokalen Organisationen, die den Menschen den Zugang zu Kryptowährungen erleichtern.

In der Summe bieten Kryptowährungen eine aufregende Möglichkeit zur Förderung der finanziellen Inklusion. Sie haben das Potenzial, den Zugang zu Finanzdienstleistungen für Millionen von Menschen zu erleichtern und gleichzeitig die Transparenz und Effizienz des Systems zu erhöhen. Obwohl es noch viele Herausforderungen zu bewältigen gibt, ist die Richtung klar: Kryptowährungen könnten eine Schlüsselrolle bei der Schaffung eines inklusiveren und gerechteren Finanzsystems spielen.

Fallstudien

Kryptowährungen haben in den letzten Jahren weltweit für Aufsehen gesorgt, aber ihre Auswirkungen in Schwellenländern sind besonders bemerkenswert. In Ländern, in denen der Zugang zu traditionellen Finanzdienstleistungen eingeschränkt ist, bieten Kryptowährungen eine revolutionäre Möglichkeit zur finanziellen Inklusion. Fallstudien aus verschiedenen Teilen der Welt beleuchten diese Entwicklung und zeigen, wie Kryptowährungen das Leben der Menschen verändern können.

Nehmen wir das Beispiel Venezuela, das unter Hyperinflation und wirtschaftlicher Instabilität leidet. Hier hat der Petro, eine staatlich unterstützte Kryptowährung, zwar nicht die erhofften Ergebnisse erzielt, aber andere Kryptowährungen wie Bitcoin und Dash werden zunehmend für alltägliche Transaktionen verwendet. Sie bieten eine stabilere Wertaufbewahrung als die lokale Währung und ermöglichen den Menschen, ihre Ersparnisse vor dem Wertverlust zu schützen.

In Afrika, insbesondere in Ländern wie Kenia und Nigeria, haben Kryptowährungen ebenfalls Fuß gefasst. M-Pesa, ein mobiles Zahlungssystem, hat den Weg für digitale Transaktionen in Kenia geebnet. Kryptowährungen bieten nun eine weitere Ebene der finanziellen Freiheit, indem sie internationale Transaktionen erleichtern und den Menschen ermöglichen, ohne die Einschränkungen traditioneller Banken zu agieren.

Indien stellt einen weiteren interessanten Fall dar. Trotz der anfänglichen regulatorischen Hürden und der Unsicherheit bezüglich der Legalität von Kryptowährungen hat sich eine lebendige Krypto-Community entwickelt. Start-ups im Blockchain-Bereich blühen auf, und Kryptowährungen werden als Investitionsmöglichkeit und weniger als Zahlungsmittel betrachtet.

Doch es wäre unvollständig, nur die positiven Seiten zu betrachten. In Schwellenländern kann die Anonymität, die Kryptowährungen bieten, auch für illegale Aktivitäten ausgenutzt werden. Geldwäsche, Steuerhinterziehung und andere Formen des Finanzbetrugs sind ernsthafte Bedenken, die nicht übersehen werden dürfen. Darüber hinaus besteht die Gefahr, dass die Einführung von Kryptowährungen die soziale Ungleichheit verschärfen könnte, da Menschen ohne Zugang zu digitalen Technologien weiterhin ausgeschlossen bleiben.

Ein weiterer Punkt, der oft übersehen wird, ist die Umweltauswirkung des Krypto-Minings. In Ländern mit weniger strengen Umweltauflagen kann dies zu einer erheblichen Belastung der natürlichen Ressourcen führen. Dies ist ein Dilemma, das sorgfältig abgewogen werden muss, insbesondere wenn man die potenziellen Vorteile von Kryptowährungen für die finanzielle Inklusion in Betracht zieht.

Die Rolle der Regulierung ist ebenfalls nicht zu unterschätzen. Ein ausgewogenes Regulierungsumfeld kann dazu beitragen, viele der oben genannten Risiken zu minimieren, während es gleichzeitig den innovativen Einsatz von Kryptowährungen fördert. In diesem Zusammenhang können internationale Organisationen wie die Vereinten Nationen oder die Weltbank eine wichtige Rolle spielen, indem sie Leitlinien und Best Practices entwickeln.

Die Fallstudien zu Kryptowährungen in Schwellenländern zeigen uns, dass die Technologie sowohl eine Quelle der Hoffnung als auch der Herausforderung ist. Sie haben das Potenzial, die Art und Weise, wie Menschen sparen, investieren und Geschäfte tätigen, grundlegend zu verändern, aber sie bringen auch neue Risiken und ethische Fragen mit sich. Es ist eine faszinierende Zeit für alle, die sich für die Schnittstelle von Technologie, Wirtschaft und sozialem Wandel interessieren.

Die Rolle von Frauen im Kryptowährungssektor in Schwellenländern ist ein weiteres interessantes Thema, das oft übersehen wird. In Ländern wie Afghanistan, wo Frauen traditionell weniger Zugang zu Finanzdienstleistungen haben, bieten Kryptowährungen eine einzigartige Möglichkeit zur finanziellen Emanzipation. Durch den Einsatz von Blockchain-Technologie können Frauen Geschäfte tätigen, Geld senden und empfangen sowie Investitionen tätigen, ohne die Erlaubnis oder das Zutun eines männlichen Vormunds.

Ein weiterer Punkt, der besondere Aufmerksamkeit verdient, ist die Rolle von Kryptowährungen in der humanitären Hilfe. In Krisenregionen, in denen der Zugang zu traditionellen Finanzsystemen eingeschränkt ist, können Kryptowährungen eine effiziente Methode zur Überweisung von Hilfsgeldern sein. Dies wurde beispielsweise in Puerto Rico nach dem Hurrikan Maria im Jahr 2017 demonstriert, als Krypto-Enthusiasten Gelder direkt an die Betroffenen schickten, ohne die üblichen bürokratischen Hürden.

Die Bildung und Aufklärung über Kryptowährungen ist ebenfalls ein entscheidender Faktor für ihren Erfolg in Schwellenländern. Ohne das richtige Wissen und Verständnis können die Menschen leicht Opfer von Betrug und Missbrauch werden. In Ländern wie Südafrika und Brasilien gibt es bereits Initiativen, die darauf abzielen, die Bevölkerung über die sichere und effektive Nutzung von Kryptowährungen aufzuklären.

Die Interaktion zwischen Kryptowährungen und bestehenden lokalen Währungen ist ebenfalls ein Thema von Bedeutung. In Zimbabwe, wo der lokale Dollar extrem volatil ist, hat die Verwendung von Kryptowährungen zu einer interessanten Dynamik geführt. Einige Menschen nutzen Kryptowährungen, um den lokalen Währungsschwankungen zu entkommen, während andere sie als Mittel zum Handel und zur Wertaufbewahrung verwenden.

Die Rolle der Medien sollte auch nicht unterschätzt werden. In vielen Schwellenländern sind die Medien ein wichtiger Faktor für die öffentliche Meinung und können daher erheblichen Einfluss auf die Akzeptanz und Verwendung von Kryptowährungen haben. Positive Berichterstattung kann das Vertrauen in die Technologie stärken, während negative Schlagzeilen das Gegenteil bewirken können.

Die Governance von Kryptowährungen stellt eine weitere Herausforderung dar. In Ländern mit instabilen politischen Systemen kann die dezentrale Natur von Kryptowährungen sowohl eine Stärke als auch eine Schwäche sein. Einerseits ermöglicht sie den Menschen, sich von der Kontrolle des Staates zu befreien, andererseits kann sie auch dazu verwendet werden, bestehende Machtstrukturen zu untergraben.

Kryptowährungen bieten in Schwellenländern eine Vielzahl von Möglichkeiten und Herausforderunge. Von der finanziellen Emanzipation von Frauen bis hin zur humanitären Hilfe, von der Bildung bis zur Interaktion mit lokalen Währungen, von der Rolle der Medien bis zur Governance - die Landschaft ist vielfältig und ständig im Wandel. Es bleibt spannend zu beobachten, wie sich diese dynamische Interaktion zwischen Technologie und Gesellschaft weiterentwickeln wird.

Quantencomputing und Kryptowährungen

Was ist Quantencomputing?

Quantencomputing ist eine revolutionäre Technologie, die die Grenzen der klassischen Informatik sprengt und das Potenzial hat, unsere Welt in vielerlei Hinsicht zu verändern. Im Gegensatz zu herkömmlichen Computern, die auf Bits basieren und nur zwei Zustände kennen – 0 oder 1 –, verwenden Quantencomputer Quantenbits oder Qubits. Diese Qubits können mehrere Zustände gleichzeitig annehmen, dank der Quantenmechanik, die Phänomene wie Verschränkung und Superposition ermöglicht.

Die Verschränkung ist ein Phänomen, bei dem die Zustände von zwei oder mehr Qubits miteinander verknüpft sind. Ändert sich der Zustand eines verschränkten Qubits, hat dies unmittelbare Auswirkungen auf den Zustand des anderen. Dies ermöglicht eine Art von "paralleler" Informationsverarbeitung, die in der klassischen Informatik nicht möglich ist. Superposition wiederum erlaubt es einem Qubit, sich gleichzeitig in mehreren Zuständen zu befinden, was die Rechenleistung exponentiell steigert.

Ein weiterer wichtiger Punkt ist die Fehlerkorrektur. Quantencomputer sind extrem empfindlich gegenüber Störungen aus der Umwelt, was sie anfällig für Fehler macht. Forscher arbeiten daher intensiv an Quantenfehlerkorrektur-Methoden, um die Zuverlässigkeit der Systeme zu erhöhen. Hier kommen spezielle Algorithmen und Hardware-Lösungen zum Einsatz, die die Fehler erkennen und korrigieren können, ohne die Quanteninformation zu zerstören.

Die Anwendungen für Quantencomputer sind vielfältig und reichen von der Materialwissenschaft über die Medizin bis hin zur Kryptographie. In der Materialwissenschaft könnten Quantencomputer beispielsweise dazu verwendet werden, komplexe Molekülstrukturen zu simulieren, was wiederum zur Entwicklung neuer Materialien und Medikamente führen könnte. In der Kryptographie könnten sie bestehende Verschlüsselungsmethoden obsolet machen, da sie in der Lage wären, komplexe mathematische Probleme in Bruchteilen der Zeit zu lösen, die ein klassischer Computer benötigen würde.

Die Entwicklung von Quantencomputern stellt jedoch auch ethische Fragen. Die Möglichkeit, bestehende Verschlüsselungssysteme zu knacken, wirft Bedenken hinsichtlich der Datensicherheit und des Datenschutzes auf. Es ist daher von entscheidender Bedeutung, dass parallel zur Entwicklung von Quantencomputern auch an quantensicheren Verschlüsselungsmethoden gearbeitet wird.

In Deutschland gibt es bereits mehrere Initiativen und Forschungszentren, die sich mit Quantencomputing beschäftigen. Die Bundesregierung hat das Thema als strategisch wichtig eingestuft und fördert entsprechende Projekte. Unternehmen wie IBM und Google haben ebenfalls Forschungszentren in Deutschland eröffnet, um die Entwicklung dieser bahnbrechenden Technologie voranzutreiben.

Die Geschwindigkeit, mit der sich das Feld entwickelt, ist atemberaubend. Fast täglich gibt es neue Durchbrüche, und es ist nur eine Frage der Zeit, bis Quantencomputer für den alltäglichen Gebrauch verfügbar sein werden. Dabei ist es faszinierend zu sehen, wie diese Technologie die Grenzen dessen, was wir für möglich hielten, immer weiter verschiebt. Sie fordert uns heraus, unsere Vorstellungen von Rechenleistung und Information neu zu denken und öffnet Türen zu Welten, die wir uns bisher kaum vorstellen konnten.

Bedrohungen und Lösungen

Die Schnittstelle zwischen Quantencomputing und Kryptowährungen ist ein faszinierendes Feld, das sowohl enorme Möglichkeiten als auch ernsthafte Bedrohungen birgt. Beginnen wir mit den Bedrohungen, die vor allem im Bereich der Kryptographie liegen. Kryptowährungen wie Bitcoin und Ethereum basieren auf kryptographischen Algorithmen, die in der klassischen Computerwelt als sicher gelten. Quantencomputer haben jedoch das Potenzial, diese Algorithmen in kürzester Zeit zu knacken. Insbesondere der RSA-Algorithmus und der Elliptic Curve Cryptography-Algorithmus, die häufig in Blockchain-Technologien verwendet werden, könnten durch Quantenangriffe kompromittiert werden.

Ein erfolgreicher Angriff auf diese Algorithmen würde nicht nur die Integrität einer einzelnen Transaktion gefährden, sondern könnte das gesamte Vertrauenssystem, das die Grundlage für Kryptowährungen bildet, untergraben. Dies hätte weitreichende Konsequenzen, von der Entwertung der betroffenen Kryptowährungen bis hin zu einem Vertrauensverlust in die gesamte Technologie.

Nun zu den Lösungen. Forscher arbeiten bereits an quantensicheren Kryptographie-Methoden. Ein vielversprechender Ansatz ist die Verwendung von Gitter-basierten kryptographischen Verfahren, die als resistent gegen Quantenangriffe gelten. Diese Methoden sind jedoch noch nicht ausgereift und ihre Implementierung in bestehende Systeme stellt eine Herausforderung dar. Ein weiterer Ansatz ist die Verwendung von Quantenschlüsselverteilung für die sichere Kommunikation.

Hierbei werden Quantenzustände genutzt, um einen kryptographischen Schlüssel zwischen zwei Parteien auszutauschen, wobei jeder Versuch, den Schlüssel abzuhören, den Quantenzustand verändert und somit sofort erkannt wird.

Es gibt auch Überlegungen, Quantencomputer selbst für die Blockchain-Technologie zu nutzen. Durch ihre enorme Rechenleistung könnten sie komplexe Probleme lösen, die für klassische Computer unerreichbar sind. Dies könnte zu schnelleren und effizienteren Blockchain-Netzwerken führen. Allerdings ist diese Technologie noch in der Entwicklung und es wird einige Zeit dauern, bis sie für den Massenmarkt verfügbar ist.

In Deutschland wird das Thema Quantencomputing und Kryptographie intensiv erforscht. Verschiedene Forschungsinstitute und Universitäten arbeiten an der Entwicklung von quantensicheren Algorithmen und der Integration von Quantentechnologien in bestehende Systeme. Die Bundesregierung hat erkannt, dass Quantentechnologien eine Schlüsseltechnologie für die Zukunft sind und fördert entsprechende Forschungsprojekte.

Die Interaktion zwischen Quantencomputing und Kryptowährungen ist ein zweischneidiges Schwert. Einerseits bieten Quantencomputer die Möglichkeit, die Effizienz und Sicherheit von Blockchain-Netzwerken zu erhöhen. Andererseits könnten sie die kryptographischen Grundlagen, auf denen diese Netzwerke aufbauen, zerstören. Es ist daher von entscheidender Bedeutung, dass die Entwicklung von Quantencomputern Hand in Hand mit der Entwicklung von quantensicheren Kryptographie-Methoden geht.

Die Dynamik in diesem Bereich ist beeindruckend. Jeder Fortschritt in der Quantentechnologie muss sorgfältig gegen seine potenziellen Auswirkungen auf die Kryptowährungslandschaft abgewogen werden.

Dabei ist es nicht nur eine technische, sondern auch eine gesellschaftliche Herausforderung, einen verantwortungsvollen Umgang mit dieser mächtigen neuen Technologie zu finden. Sie fordert uns auf, ethische und sicherheitsrelevante Fragen zu stellen, die weit über die reine Technologie hinausgehen. So stehen wir an der Schwelle zu einer neuen Ära der Informationsverarbeitung, die sowohl faszinierend als auch herausfordernd ist.

Die Regulierung von Kryptowährungen in einer Welt, in der Quantencomputer existieren, stellt eine weitere Herausforderung dar. Regierungen und Aufsichtsbehörden könnten versucht sein, Quantentechnologie einzusetzen, um Transaktionen zu überwachen oder sogar zu manipulieren. Dies wirft ernsthafte Fragen nach dem Datenschutz und der Autonomie der Nutzer auf. In einer solchen Umgebung könnte die Anonymität, die viele Kryptowährungen bieten, erheblich eingeschränkt werden. Daher ist es notwendig, dass Gesetzgeber frühzeitig Richtlinien und Standards entwickeln, die den Einsatz von Quantentechnologie in diesem Kontext regeln.

Ein weiterer Punkt, der oft übersehen wird, ist die Energieeffizienz. Quantencomputer sind nicht nur in der Lage, komplexe Berechnungen schneller durchzuführen, sondern könnten auch energieeffizienter sein als herkömmliche Computer. Dies könnte die Debatte um den hohen Energieverbrauch von Kryptowährungen wie Bitcoin in eine neue Richtung lenken. Wenn es gelingt, Blockchain-Netzwerke mit Quantencomputern zu betreiben, könnte dies die ökologische Bilanz dieser Technologien erheblich verbessern.

Die Auswirkungen von Quantencomputing auf Smart Contracts sind ebenfalls ein interessantes Thema. Smart Contracts sind selbstausführende Verträge mit den Vertragsbedingungen direkt in Code geschrieben. Sie sind ein wesentlicher Bestandteil vieler Kryptowährungssysteme. Quantencomputer könnten die Ausführung von Smart Contracts beschleunigen, aber auch neue Angriffsvektoren eröffnen. Zum Beispiel könnten Quantenalgorithmen genutzt werden, um Schwachstellen in der Vertragslogik auszunutzen, die für klassische Computer nicht erkennbar wären.

Die Bildung und Aufklärung spielen ebenfalls eine entscheidende Rolle. Die Quantentechnologie ist ein komplexes Feld, das für Laien schwer verständlich ist. Es ist daher wichtig, dass Bildungseinrichtungen und Medien die Öffentlichkeit über die Risiken und Chancen dieser neuen Technologie informieren. Nur so können die Menschen fundierte Entscheidungen treffen, wenn es um die Nutzung von Kryptowährungen in einer Welt mit Quantencomputern geht.

Auch die geopolitischen Implikationen sind nicht zu vernachlässigen. Die Länder, die diese Technologie zuerst beherrschen, könnten einen erheblichen Vorteil in vielen Bereichen haben, von der Finanzwelt bis zur nationalen Sicherheit. Dies könnte zu einem neuen Wettrüsten in der Quantentechnologie führen, ähnlich wie wir es in der Vergangenheit bei der Atomtechnologie gesehen haben.

Am Ende dieses Kapitels möchte ich die Rolle der Ethik in dieser Diskussion hervorheben. Die Möglichkeit, Kryptowährungen und damit auch die finanzielle Freiheit vieler Menschen zu gefährden, wirft ernsthafte ethische Fragen auf. Es ist daher unerlässlich, dass Ethiker und Technologen zusammenarbeiten, um Leitlinien für den verantwortungsvollen Einsatz dieser mächtigen neuen Technologie zu entwickeln. Die Menschheit steht vor der Herausforderung, die Vorteile des Quantencomputing zu nutzen, ohne die Grundlagen der Kryptowährungen und die Freiheiten, die sie bieten, zu untergraben.

Kryptowährungen und E-Commerce

Krypto-Zahlungen im Online-Handel

Die Integration von Kryptowährungen in den Online-Handel hat in den letzten Jahren erheblich an Fahrt gewonnen. Diese Entwicklung ist vor allem auf die Vorteile zurückzuführen, die Kryptowährungen gegenüber traditionellen Zahlungsmethoden bieten. Dazu gehören niedrigere Transaktionskosten, schnellere Abwicklung und erhöhte Sicherheit durch die Blockchain-Technologie. Doch während die Vorteile offensichtlich sind, gibt es auch Herausforderungen und Risiken, die sowohl für Händler als auch für Verbraucher relevant sind.

Ein Hauptanliegen für Online-Händler ist die Volatilität von Kryptowährungen. Schwankungen im Wert können erhebliche Auswirkungen auf die Rentabilität haben. Einige Händler lösen dieses Problem, indem sie sofortige Konvertierungen in Fiat-Währungen vornehmen, sobald eine Transaktion abgeschlossen ist. Andere nutzen spezielle Softwarelösungen, die den aktuellen Kurs in Echtzeit verfolgen und Preisanpassungen vornehmen.

Die rechtlichen Rahmenbedingungen stellen eine weitere Herausforderung dar. In Deutschland und der EU gibt es immer noch keine einheitliche Regulierung für den Umgang mit Kryptowährungen im Online-Handel. Dies führt zu einer gewissen Rechtsunsicherheit, die viele Händler zögern lässt, Kryptowährungen als Zahlungsmittel zu akzeptieren. Zudem sind die steuerlichen Implikationen komplex und erfordern eine sorgfältige Buchführung.

Die Benutzerfreundlichkeit ist ein weiterer entscheidender

Faktor für die Akzeptanz von Krypto-Zahlungen. Während die Technologie für technisch versierte Nutzer zugänglich ist, kann sie für den Durchschnittsverbraucher einschüchternd sein. Hier sind Fortschritte in der Entwicklung von benutzerfreundlichen Wallets und Zahlungsplattformen erforderlich, um den Massenmarkt zu erreichen.

Die Sicherheit ist natürlich ein zentrales Anliegen. Obwohl die Blockchain-Technologie als sicher gilt, gibt es Risiken wie Phishing-Angriffe und die Möglichkeit des Verlusts von Zugangsdaten. Händler müssen in robuste Sicherheitssysteme investieren und die Kunden über die besten Praktiken aufklären, um diese Risiken zu minimieren.

Aber es gibt auch ethische Überlegungen. Die Anonymität, die Kryptowährungen bieten, kann für illegale Aktivitäkeiten ausgenutzt werden. Händler müssen daher sicherstellen, dass sie Know-Your-Customer-Verfahren implementieren, um Geldwäsche und andere illegale Aktivitäten zu verhindern.

Die Akzeptanz von Krypto-Zahlungen kann auch als Marketinginstrument dienen. Vor allem jüngere, technologieaffine Zielgruppen könnten sich von der Möglichkeit angezogen fühlen, mit Kryptowährungen zu bezahlen. Dies könnte für Händler ein Weg sein, sich von der Konkurrenz abzuheben und neue Kunden zu gewinnen.

Die Interoperabilität zwischen verschiedenen Kryptowährungen und traditionellen Zahlungssystemen bleibt eine technische Herausforderung. Es gibt bereits Lösungen wie Zahlungsgateways, die eine reibungslose Integration ermöglichen, aber diese sind noch nicht weit verbreitet. Die Entwicklung von Standards könnte diesen Prozess beschleunigen und die Akzeptanz fördern.

In diesem Kontext ist es spannend zu beobachten, wie sich Stablecoins, die an traditionelle Währungen gebunden sind, als

Lösung für das Volatilitätsproblem etablieren könnten. Sie bieten die Vorteile von Kryptowährungen, ohne die Nachteile der Preisschwankungen, und könnten daher eine attraktive Option für Händler und Verbraucher sein.

Die Einführung von Krypto-Zahlungen im Online-Handel ist ein dynamisches Feld mit vielen beweglichen Teilen. Es ist ein Zusammenspiel von Technologie, Regulierung, Marktbedingungen und Verbraucherverhalten. Diejenigen, die die Herausforderungen erfolgreich meistern, könnten von den zahlreichen Vorteilen profitieren, die diese innovative Form der Zahlung bietet.

Die Einführung von Krypto-Zahlungen im Online-Handel hat nicht nur technische und rechtliche Herausforderungen, sondern wirft auch Fragen der sozialen Gerechtigkeit und der finanziellen Inklusion auf. Während Kryptowährungen das Potenzial haben, den Zugang zu Finanzdienstleistungen für Menschen ohne Bankkonto zu erleichtern, besteht die Gefahr, dass sie die soziale Kluft weiter vertiefen könnten. Insbesondere in Deutschland, wo das Vertrauen in traditionelle Banken und das Finanzsystem hoch ist, könnte die Akzeptanz von Kryptowährungen als elitär oder als Spielwiese für Spekulanten wahrgenommen werden.

Ein weiterer Punkt, der oft übersehen wird, ist die Umweltauswirkung von Kryptowährungen. Der Energieverbrauch von Netzwerken wie Bitcoin ist enorm und stellt eine ernsthafte ökologische Bedenken dar. Einige Online-Händler, insbesondere solche, die sich auf nachhaltige Produkte und Dienstleistungen spezialisiert haben, könnten zögern, Kryptowährungen aus ethischen Gründen zu akzeptieren. Es gibt jedoch auch umweltfreundlichere Alternativen wie Proof-of-Stake-Kryptowährungen, die weniger Energie verbrauchen.

Die Frage der Benutzererfahrung geht über die reine

Benutzerfreundlichkeit hinaus. Die Integration von Krypto-Zahlungen in bestehende E-Commerce-Plattformen muss nahtlos sein, um den Kunden nicht zu verunsichern. Dies erfordert eine enge Zusammenarbeit zwischen den Entwicklern der E-Commerce-Plattformen und den Anbietern von Krypto-Zahlungslösungen. Darüber hinaus müssen Händler in der Lage sein, Rückerstattungen und Reklamationen ebenso effizient abzuwickeln wie bei traditionellen Zahlungsmethoden.

Die Frage der Währungsrisiken ist ebenfalls nicht zu vernachlässigen. Während einige Händler die Volatilität von Kryptowährungen als Chance für zusätzliche Gewinne sehen könnten, ist das Risiko von Währungsschwankungen für viele ein ernsthaftes Abschreckungsmittel. Finanzinstrumente wie Futures und Optionen könnten eine Lösung bieten, sind jedoch mit eigenen Risiken und Kosten verbunden.

Die Rolle der Regulierungsbehörden wird in den kommenden Jahren entscheidend sein. Während einige Länder Kryptowährungen offen gegenüberstehen, haben andere, darunter auch einige EU-Mitgliedstaaten, restriktive Maßnahmen ergriffen. Die Unsicherheit in Bezug auf zukünftige Regulierungen könnte sowohl Händler als auch Verbraucher abschrecken. Es bleibt abzuwarten, wie die deutsche Regierung und die EU in dieser Angelegenheit vorgehen werden.

Die Akzeptanz von Krypto-Zahlungen könnte auch Auswirkungen auf die Lieferkette haben. Lieferanten und Produzenten könnten ebenfalls ermutigt werden, Kryptowährungen zu akzeptieren, was die gesamte Lieferkette revolutionieren könnte. Dies würde jedoch eine weitreichende Akzeptanz und Standardisierung erfordern, die derzeit noch nicht gegeben ist.

Die Verwendung von Kryptowährungen im Online-Handel ist ein facettenreiches Thema, das weit über die reine

Zahlungsabwicklung hinausgeht. Es berührt soziale, ökologische und wirtschaftliche Fragen, die in den kommenden Jahren immer relevanter werden dürften. Wer die Chancen nutzt und die Risiken minimiert, könnte sich einen entscheidenden Wettbewerbsvorteil verschaffen.

Integration und Akzeptanz

Die Integration von Kryptowährungen in den E-Commerce stellt eine spannende Schnittstelle zwischen Technologie und Wirtschaft dar. In Deutschland, wo der Online-Handel stetig wächst, eröffnen sich durch die Akzeptanz von Kryptowährungen neue Möglichkeiten, aber auch Herausforderungen. Die Technologie hinter Kryptowährungen, die Blockchain, bietet eine Reihe von Vorteilen, die besonders im E-Commerce nützlich sein können. Dazu gehören Transparenz, Sicherheit und die Möglichkeit, Transaktionen ohne Zwischeninstanzen durchzuführen.

Die Integration von Kryptowährungen in bestehende E-Commerce-Plattformen ist jedoch nicht trivial. Es erfordert eine sorgfältige Planung und Umsetzung, um sicherzustellen, dass die Technologie nahtlos in die bestehende Infrastruktur integriert wird. Hier kommen spezialisierte Zahlungsdienstleister ins Spiel, die APIs und andere Tools bereitstellen, um den Prozess zu erleichtern. Diese Dienstleister müssen jedoch sorgfältig ausgewählt werden, um sicherzustellen, dass sie den hohen Sicherheitsstandards entsprechen, die für Finanztransaktionen erforderlich sind.

Ein weiterer wichtiger Faktor ist die Benutzererfahrung. Für den durchschnittlichen Verbraucher kann der Umgang mit Kryptowährungen kompliziert und verwirrend sein. Daher ist es entscheidend, dass der Prozess der Auswahl und Durchführung einer Krypto-Zahlung so einfach und intuitiv wie möglich gestaltet wird. Dies könnte durch benutzerfreundliche

Schnittstellen und klare Anleitungen erreicht werden, die den Kunden durch den Prozess führen.

Die Akzeptanz von Kryptowährungen im E-Commerce wirft auch rechtliche Fragen auf. In Deutschland und der EU gibt es derzeit keine einheitliche Regulierung für den Umgang mit Kryptowährungen. Dies schafft eine gewisse Unsicherheit für Händler, die sich fragen, wie sie Steuern berechnen und melden oder wie sie mit Rückerstattungen umgehen sollen. Einige dieser Fragen könnten durch Smart Contracts, die automatisch ausgeführt werden, wenn bestimmte Bedingungen erfüllt sind, gelöst werden. Aber auch hier ist Vorsicht geboten, da die rechtliche Anerkennung von Smart Contracts noch nicht vollständig geklärt ist.

Die Frage der Akzeptanz ist ebenfalls entscheidend. Während die jüngere Generation tendenziell offener für die Verwendung von Kryptowährungen ist, gibt es in der breiteren Bevölkerung immer noch viel Skepsis. Bildung und Aufklärung könnten hier eine Schlüsselrolle spielen. Händler könnten Informationskampagnen durchführen, um die Vorteile und Risiken der Verwendung von Kryptowährungen zu erläutern, und so das Vertrauen der Verbraucher gewinnen.

Ein weiteres interessantes Element ist die Möglichkeit der Tokenisierung von Treueprogrammen oder Rabattaktionen. Durch die Verwendung von Krypto-Token könnten Händler komplexe Treueprogramme erstellen, die über ihre eigene Plattform hinausgehen und sogar branchenübergreifend eingesetzt werden könnten. Dies würde nicht nur die Kundenbindung erhöhen, sondern auch neue Formen der Interaktion und des Engagements ermöglichen.

Die Integration von Kryptowährungen in den E-Commerce ist ein dynamisches Feld, das ständig in Bewegung ist. Neue Technologien und Regulierungen könnten den Status quo schnell verändern und neue Möglichkeiten oder

Herausforderungen schaffen. Wer sich jetzt gut positioniert und bereit ist, sich anzupassen, könnte in der Zukunft erhebliche Vorteile genießen.

Die Geschwindigkeit, mit der Transaktionen durchgeführt werden, ist ein entscheidender Faktor, der die Integration von Kryptowährungen im E-Commerce beeinflusst. Während traditionelle Zahlungsmethoden wie Kreditkarten oder PayPal in der Regel schnell sind, können Kryptotransaktionen, abhängig von der verwendeten Währung und dem Netzwerkverkehr, variieren. Einige Kryptowährungen wie Bitcoin Cash oder Litecoin werben mit schnelleren Transaktionszeiten als das ursprüngliche Bitcoin-Netzwerk, was sie potenziell attraktiver für den E-Commerce macht.

Ein weiterer Punkt, der nicht außer Acht gelassen werden sollte, ist die Volatilität von Kryptowährungen. Die Preisschwankungen können erheblich sein, was sowohl für den Händler als auch für den Kunden ein Risiko darstellt. Preisstabilität ist für den E-Commerce entscheidend, und hier könnten Stablecoins eine Lösung bieten. Diese sind an traditionelle Währungen oder andere Vermögenswerte gebunden und bieten so eine stabilere Option für Transaktionen.

Die Frage der Anonymität und Privatsphäre ist ebenfalls relevant. Kryptowährungen bieten oft höhere Anonymität als traditionelle Zahlungsmethoden. Dies könnte für Kunden attraktiv sein, die besorgt über den Schutz ihrer persönlichen Daten sind. Allerdings stellt dies auch eine Herausforderung für die Händler dar, die gesetzlich verpflichtet sein könnten, bestimmte Informationen über ihre Kunden zu sammeln und aufzubewahren.

Die Möglichkeit der Mikrotransaktionen ist ein weiteres interessantes Merkmal, das Kryptowährungen in den E-Commerce einbringen könnten. Durch die Fähigkeit, sehr kleine Beträge zu übertragen, könnten völlig neue Geschäftsmodelle entstehen. Denken Sie an Pay-per-View-Inhalte oder Mikrospenden für Content-Ersteller, die bisher durch die Gebührenstruktur traditioneller Zahlungsmethoden nicht rentabel waren.

Die Interoperabilität zwischen verschiedenen Kryptowährungen und traditionellen Währungen ist ein weiteres Thema, das Beachtung verdient. Mit dem Aufkommen von Dezentralen Finanzierungen (DeFi) und Krypto-Börsen wird es immer einfacher, verschiedene Währungen nahtlos zu tauschen. Dies könnte den E-Commerce revolutionieren, indem es eine globale, währungsübergreifende Plattform schafft, auf der jeder handeln kann, unabhängig von seiner geografischen Lage oder der Währung, die er verwendet.

Schließlich sollte die ökologische Nachhaltigkeit von Kryptowährungen nicht übersehen werden. Der Energieverbrauch von Kryptowährungen, insbesondere von Bitcoin, ist ein heiß diskutiertes Thema. Einige Händler und Kunden könnten sich aus ökologischen Gründen gegen die Verwendung von Kryptowährungen entscheiden. In diesem Kontext könnten Kryptowährungen, die auf Proof-of-Stake oder ähnlichen Mechanismen basieren, die weniger energieintensiv sind, an Bedeutung gewinnen.

Die Integration von Kryptowährungen in den E-Commerce ist ein facettenreiches Unterfangen, das weit über die reine Technologie hinausgeht. Es berührt soziale, rechtliche und sogar ethische Fragen, die sorgfältig betrachtet werden müssen. Wer die Herausforderungen kennt und die Chancen richtig nutzt, kann in einer Welt, die immer digitaler wird, erfolgreich sein.

Krypto-Steuerung und Governance

Was ist Krypto-Governance?

Krypto-Governance ist ein Begriff, der in den letzten Jahren immer mehr an Bedeutung gewonnen hat, insbesondere im Kontext der dezentralen Finanzwelt (DeFi) und der Blockchain-Technologie. Im Kern handelt es sich bei der Governance um die Art und Weise, wie Entscheidungen in einem Krypto-Ökosystem getroffen werden. Dies umfasst eine breite Palette von Themen, von der Code-Entwicklung und dem Netzwerkdesign bis hin zu finanziellen Anreizen und der Einbindung der Community.

Die Governance-Modelle in der Krypto-Welt sind vielfältig und reichen von zentralisierten Strukturen, wie sie bei einigen älteren Kryptowährungen zu finden sind, bis hin zu vollständig dezentralisierten Modellen, die auf Konsensmechanismen wie dem Proof-of-Stake (PoS) basieren. In zentralisierten Modellen liegt die Entscheidungsgewalt oft bei einer kleinen Gruppe von Entwicklern oder einer einzigen Organisation. Dies kann die Effizienz erhöhen, birgt jedoch das Risiko von Machtmissbrauch und fehlender Transparenz.

Dezentralisierte Modelle versuchen, diese Risiken zu minimieren, indem sie die Macht auf eine breitere Basis verteilen. Durch die Verwendung von Smart Contracts und dezentralisierten autonomen Organisationen (DAOs) können Entscheidungen direkt von den Nutzern getroffen werden, die am meisten von ihnen betroffen sind. Dies fördert nicht nur die Transparenz, sondern ermöglicht es auch, schneller auf Veränderungen im Ökosystem zu reagieren.

Ein weiterer wichtiger Punkt in der Krypto-Governance ist die Rolle der Token-Inhaber. In vielen Fällen haben diese ein Mitspracherecht bei Entscheidungen, das proportional zu ihrer Token-Beteiligung ist. Dies schafft einen finanziellen Anreiz für die Teilnahme an der Governance und fördert die Einbindung der Community. Allerdings kann dies auch zu einer Konzentration der Macht in den Händen von wenigen großen Token-Inhabern führen, was wiederum die Dezentralisierung untergräbt.

Die Frage der Skalierbarkeit ist ebenfalls ein zentrales Thema in der Krypto-Governance. Mit dem Wachstum eines Netzwerks steigt auch die Komplexität der Entscheidungsfindung. Hier können Layer-2-Lösungen oder Sidechains eine Rolle spielen, um die Effizienz zu erhöhen, ohne die Dezentralisierung zu beeinträchtigen. Diese Technologien ermöglichen es, Transaktionen und Smart Contracts außerhalb der Hauptblockchain auszuführen, was die Belastung des Netzwerks verringert und schnelle Entscheidungen ermöglicht.

Die rechtlichen Aspekte der Krypto-Governance dürfen ebenfalls nicht vernachlässigt werden. Da Kryptowährungen und Blockchain-Technologie immer mehr in den Mainstream rücken, werden sie auch stärker reguliert. Dies stellt neue Herausforderungen für die Governance-Modelle dar, die oft in einer rechtlichen Grauzone operieren. Die Einhaltung von Gesetzen und Vorschriften kann die Flexibilität einschränken, ist jedoch oft notwendig, um das Vertrauen der Nutzer und der breiteren Öffentlichkeit zu gewinnen.

Die Krypto-Governance ist ein dynamisches Feld, das ständig weiterentwickelt wird. Neue Modelle und Mechanismen werden entwickelt, um die Herausforderungen der Skalierbarkeit, Dezentralisierung und rechtlichen Konformität zu bewältigen. Dabei spielt die Community eine entscheidende Rolle. Ihre aktive Beteiligung an der Governance ist nicht nur ein Zeichen für die Reife des Ökosystems, sondern auch ein

Indikator für dessen langfristigen Erfolg. In diesem Sinne ist die Krypto-Governance weit mehr als nur ein technisches Konzept; sie ist ein Spiegelbild der Werte und Ziele der Community, die sie unterstützt.

Modelle und Mechanismen

Krypto-Steuerung und Governance sind zwei Begriffe, die oft synonym verwendet werden, aber tatsächlich unterschiedliche Facetten der Verwaltung und Kontrolle von Kryptowährungsnetzwerken und Blockchain-Plattformen abdecken. Während Governance eher die organisatorischen und sozialen Aspekte betrifft, wie Entscheidungen getroffen werden, bezieht sich die Steuerung mehr auf die technischen Mechanismen, die diese Entscheidungen umsetzen.

Beginnen wir mit der Krypto-Steuerung. In diesem Bereich sind Smart Contracts ein entscheidendes Instrument. Sie ermöglichen es, komplexe Logiken und Regeln direkt in den Code einer Blockchain zu integrieren. Dies automatisiert viele Aspekte der Steuerung und minimiert das Risiko menschlichen Versagens oder Manipulation. Smart Contracts können für eine Vielzahl von Anwendungen eingesetzt werden, von der Verwaltung von Token-Ökonomien bis hin zur Durchführung von Abstimmungen innerhalb einer dezentralen Organisation.

Ein weiterer Mechanismus in der Krypto-Steuerung ist das Staking. Hierbei legen Token-Inhaber ihre Assets in einem Smart Contract an, um das Netzwerk zu sichern und im Gegenzug Belohnungen zu erhalten. Das Staking schafft einen finanziellen Anreiz für die Teilnahme an der Netzwerksicherheit und kann auch als Mechanismus für die Governance verwendet werden, indem nur diejenigen abstimmen dürfen, die einen bestimmten Betrag an Tokens gestaked haben.

Nun zur Governance. In der Krypto-Welt gibt es verschiedene Modelle, die von vollständig zentralisierten, bis zu dezentralisierten reichen. Ein interessantes Modell ist die dezentrale autonome Organisation (DAO), in der Entscheidungen durch Abstimmungen der Token-Inhaber getroffen werden. DAOs können für eine Vielzahl von Anwendungen verwendet werden, von der Verwaltung eines Investmentfonds bis hin zur Steuerung eines gesamten Netzwerks.

Ein weiteres Modell ist die Liquid Democracy, die versucht, die Vorteile der direkten und der repräsentativen Demokratie zu kombinieren. In diesem Modell können Token-Inhaber entweder direkt abstimmen oder ihre Stimme an einen vertrauenswürdigen Delegierten übertragen. Dies ermöglicht eine flexiblere und effizientere Entscheidungsfindung, da nicht jeder Token-Inhaber die Zeit oder das Fachwissen hat, sich mit jedem einzelnen Vorschlag auseinanderzusetzen.

Die Wahl des richtigen Governance-Modells ist entscheidend für den Erfolg eines Krypto-Projekts. Ein schlecht gewähltes Modell kann zu einer Reihe von Problemen führen, von geringer Beteiligung und schlechter Entscheidungsfindung bis hin zu ernsthaften Sicherheitsrisiken. Daher ist es entscheidend, dass die Wahl des Modells sorgfältig überlegt wird und die spezifischen Bedürfnisse und Ziele des Projekts berücksichtigt.

Die Interaktion zwischen Steuerung und Governance ist ein weiteres interessantes Thema. Während die Steuerung die technischen Mechanismen bereitstellt, durch die die Governance operiert, kann die Governance wiederum die Entwicklung der Steuerungsmechanismen beeinflussen. Beispielsweise könnte eine DAO beschließen, einen neuen Smart Contract zu implementieren, der die Art und Weise ändert, wie das Staking funktioniert, um die Netzwerksicherheit zu erhöhen.

In der Krypto-Welt sind Steuerung und Governance untrennbar miteinander verflochten und bilden zusammen das Rückgrat eines jeden erfolgreichen Projekts. Sie sind nicht nur technische oder organisatorische Herausforderungen, sondern auch soziale und kulturelle. Die Wahl der richtigen Modelle und Mechanismen kann den Unterschied zwischen dem Erfolg und dem Scheitern eines Projekts ausmachen. Dabei spielt die aktive Beteiligung der Community eine entscheidende Rolle. Ihre Einbindung in die Entscheidungsprozesse ist ein Zeichen für die Vitalität und Reife eines Krypto-Ökosystems und ein Schlüssel zu dessen langfristigem Erfolg.

Neben den bereits erwähnten Modellen und Mechanismen der Krypto-Steuerung und Governance gibt es weitere interessante Entwicklungen, die die Funktionsweise von Kryptowährungsnetzwerken und Blockchain-Plattformen beeinflussen. Eine davon ist die Einführung von Orakeln. Orakel sind externe Datenquellen, die Informationen in eine Blockchain einspeisen. Sie erweitern die Funktionalität von Smart Contracts, indem sie es ermöglichen, auf externe Daten zuzugreifen, und spielen daher eine wichtige Rolle in der Steuerung komplexer Systeme. Orakel können auch in der Governance eingesetzt werden, um beispielsweise automatische Abstimmungen basierend auf bestimmten Kriterien oder Ereignissen zu ermöglichen.

Ein weiteres interessantes Thema ist die Rolle der Identität in der Krypto-Governance. In vielen Blockchain-Netzwerken ist die Identität der Teilnehmer anonym oder pseudonym. Dies hat Vor- und Nachteile. Einerseits ermöglicht es eine größere Privatsphäre und Freiheit, andererseits erschwert es die Rechenschaftspflicht und kann zu unlauterem Verhalten führen. Einige Projekte experimentieren daher mit sogenannten "verifizierten" oder "gebundenen" Identitäten, die eine höhere Stufe der Rechenschaftspflicht ermöglichen, ohne die Vorteile der Dezentralisierung zu opfern.

Die Interoperabilität zwischen verschiedenen Blockchain-Netzwerken ist ebenfalls ein wichtiger Faktor, der sowohl die Steuerung als auch die Governance beeinflusst. Durch die Schaffung von Brücken zwischen verschiedenen Blockchains können Token und Informationen leichter zwischen verschiedenen Netzwerken übertragen werden. Dies eröffnet neue Möglichkeiten für die Governance, da Entscheidungen nun über Netzwerkgrenzen hinweg getroffen werden können. Es ermöglicht auch komplexere Steuerungsmodelle, die die Stärken mehrerer verschiedener Netzwerke nutzen.

Die Rolle von Entwicklern in der Krypto-Governance sollte nicht unterschätzt werden. In vielen Fällen sind es die Entwickler, die die Regeln und Mechanismen des Systems entwerfen und implementieren. Ihre Fähigkeit, Änderungen am Code vorzunehmen, gibt ihnen eine enorme Macht, die sorgfältig kontrolliert werden muss. Einige Projekte haben daher Mechanismen eingeführt, die die Macht der Entwickler begrenzen und sicherstellen, dass Änderungen nur mit Zustimmung der Community vorgenommen werden können.

Schließlich ist die Skalierbarkeit ein entscheidender Faktor, der sowohl die Steuerung als auch die Governance beeinflusst. Mit dem Wachstum eines Netzwerks steigt auch die Komplexität der Entscheidungsfindung. Verschiedene Skalierungslösungen, wie Layer-2-Netzwerke oder Sharding, können die Leistung verbessern, haben aber auch Auswirkungen auf die Governance. Beispielsweise können Layer-2-Lösungen die Entscheidungsfindung beschleunigen, indem sie kleinere "Unternetzwerke" schaffen, die unabhängig voneinander operieren können.

In der Welt der Kryptowährungen und Blockchains sind Steuerung und Governance dynamische Felder, die ständig weiterentwickelt werden. Neue Technologien und Mechanismen werden entwickelt, um die Herausforderungen der Dezentralisierung und Skalierbarkeit zu bewältigen, während gleichzeitig versucht wird, ein hohes Maß an Sicherheit und Rechenschaftspflicht zu wahren. Die aktive Beteiligung der Community an diesen Prozessen ist nicht nur ein Indikator für die Gesundheit eines Projekts, sondern auch ein Katalysator für Innovation und Verbesserung.

Ausblick: Die Zukunft der Kryptowährungen

Prognosen und Trends

Die Welt der Kryptowährungen ist in ständiger Bewegung, und die Zukunft hält eine Reihe von spannenden Entwicklungen bereit. Ein Trend, der bereits jetzt deutlich wird, ist die zunehmende Institutionalisierung von Kryptowährungen. Große Finanzinstitute und Unternehmen beginnen, Kryptowährungen als legitime Anlageklasse zu betrachten. Dies wird durch die Einführung von Krypto-ETFs und anderen Finanzprodukten, die den Zugang zu diesem Markt erleichtern, weiter verstärkt. Diese Entwicklung könnte die Liquidität und Stabilität von Kryptowährungen erhöhen und sie für eine breitere Masse an Investoren attraktiv machen.

Ein weiterer wichtiger Trend ist die fortschreitende Regulierung. Während Kryptowährungen ursprünglich als unregulierte, dezentrale Systeme konzipiert wurden, erkennen Regierungen weltweit zunehmend die Notwendigkeit einer Regulierung, um Betrug und Geldwäsche zu verhindern. In Deutschland beispielsweise sind Krypto-Handelsplattformen bereits jetzt verpflichtet, sich bei der Bundesanstalt für Finanzdienstleistungsaufsicht (BaFin) zu registrieren. Diese Regulierung könnte das Vertrauen in Kryptowährungen stärken, aber auch Innovationen bremsen.

Die Technologie hinter Kryptowährungen entwickelt sich ebenfalls rasant weiter. Insbesondere die Weiterentwicklung von Smart Contracts und dezentralen Anwendungen (dApps) könnte den Weg für völlig neue Geschäftsmodelle ebnen. Denken Sie an dezentrale autonome Organisationen (DAOs), die ohne menschliche Eingriffe operieren, oder an

Tokenisierung von Vermögenswerten, die den Handel von bisher illiquiden Gütern wie Immobilien oder Kunstwerken ermöglicht.

Die Einführung von umweltfreundlichen Konsensmechanismen wie dem Proof of Stake (PoS) wird ebenfalls eine wichtige Rolle spielen. Angesichts der wachsenden Bedenken hinsichtlich des Energieverbrauchs von Kryptowährungen wie Bitcoin suchen viele Projekte nach nachhaltigeren Alternativen. Ethereum, die zweitgrößte Kryptowährung nach Marktkapitalisierung, plant beispielsweise, von Proof of Work auf Proof of Stake umzusteigen, um den Energieverbrauch zu reduzieren.

Die Integration von Kryptowährungen in den Alltag ist ein weiteres spannendes Feld. Obwohl Kryptowährungen ursprünglich als digitales Bargeld konzipiert wurden, werden sie derzeit hauptsächlich als Anlageinstrumente verwendet. Mit der Weiterentwicklung von Zahlungsschnittstellen und der Einführung von Stablecoins, die an traditionelle Währungen gebunden sind, könnte sich dies jedoch ändern. In Ländern mit instabilen Währungen könnten Kryptowährungen sogar eine wichtige Rolle als Wertaufbewahrungsmittel spielen.

Die Dezentralisierung der Finanzmärkte durch DeFi (Decentralized Finance) ist ein weiteres Thema, das in den kommenden Jahren an Bedeutung gewinnen wird. DeFi-Plattformen ermöglichen es den Benutzern, Kredite aufzunehmen, Zinsen zu verdienen und eine Vielzahl anderer Finanztransaktionen durchzuführen, ohne dass eine zentrale Instanz erforderlich ist. Dies könnte die Art und Weise, wie wir über Finanzen denken und sie nutzen, grundlegend verändern.

In der Kryptowelt ist der einzige konstante Faktor der Wandel. Neue Technologien, Regulierungen und Anwendungsfälle werden weiterhin auftauchen und das Ökosystem in unbekannte Richtungen lenken. Was jedoch sicher ist, ist das unaufhaltsame Wachstum und die zunehmende Reife dieses faszinierenden und disruptiven Feldes. Es bleibt ein aufregendes Spektrum an Möglichkeiten, das sowohl Risiken als auch Chancen bietet. Die Kunst wird darin bestehen, die Entwicklungen sorgfältig zu beobachten und die richtigen Entscheidungen zu treffen, um von den vielfältigen Möglichkeiten, die sich bieten, optimal zu profitieren.

Die Interoperabilität zwischen verschiedenen Kryptowährungen und Blockchain-Netzwerken wird in der nahen Zukunft eine entscheidende Rolle spielen. Bisher operieren viele Kryptowährungen in isolierten Netzwerken, was den Austausch von Werten und Informationen erschwert. Mit der Entwicklung von Cross-Chain-Technologien wie Polkadot und Cosmos wird es möglich sein, nahtlos zwischen verschiedenen Blockchains zu wechseln. Dies könnte die Fragmentierung des Krypto-Ökosystems verringern und die Entwicklung von Multi-Chain-Anwendungen fördern, die von den Stärken mehrerer Blockchains profitieren.

Ein weiteres spannendes Feld ist die Integration von Künstlicher Intelligenz (KI) in die Blockchain-Technologie. KI-Algorithmen könnten beispielsweise dazu verwendet werden, Transaktionen zu überwachen und verdächtige Aktivitäten zu erkennen, was die Sicherheit des Netzwerks erhöhen könnte. Darüber hinaus könnten KI-gesteuerte Handelsbots den Kryptomarkt effizienter gestalten, indem sie Arbitrage-Möglichkeiten schneller erkennen und nutzen.

Die Rolle von Kryptowährungen in der Gig Economy sollte ebenfalls nicht unterschätzt werden. Plattformen wie Bitwage ermöglichen es bereits jetzt, Gehälter in Kryptowährungen auszuzahlen. Dies könnte besonders für Freelancer und digitale Nomaden interessant sein, die in verschiedenen Ländern arbeiten und von den niedrigen Transaktionskosten und der Schnelligkeit von Krypto-Transaktionen profitieren könnten.

Die Einführung von Zentralbank-Digitalwährungen (CBDCs) wird das Krypto-Ökosystem ebenfalls beeinflussen. Während Kryptowährungen wie Bitcoin darauf abzielen, ein dezentrales Finanzsystem zu schaffen, könnten CBDCs das genaue Gegenteil bewirken, indem sie den Zentralbanken mehr Kontrolle über die Geldmenge geben. Dies könnte zu einer interessanten Dynamik zwischen dezentralen Kryptowährungen und zentralisierten Digitalwährungen führen, die den Kryptomarkt in den kommenden Jahren prägen wird.

Die Rolle von Kryptowährungen in der sozialen und politischen Landschaft sollte ebenfalls nicht vernachlässigt werden. In Ländern mit politischer Instabilität oder Währungskrisen könnten Kryptowährungen als sicherer Hafen dienen. Projekte wie das in Venezuela eingeführte Petro zeigen, dass Kryptowährungen sogar von Regierungen als Instrument zur Umgehung von Sanktionen verwendet werden könnten.

Die Weiterentwicklung von Datenschutztechnologien wie Zero-Knowledge-Proofs wird auch die Art und Weise verändern, wie wir über die Privatsphäre in der Blockchain denken. Während viele derzeitige Kryptowährungen pseudonym, aber nicht anonym sind, könnten zukünftige Kryptowährungen echte Anonymität bieten, ohne die Sicherheit oder Transparenz des Netzwerks zu beeinträchtigen.

In der Kryptowelt gibt es immer wieder Überraschungen und unerwartete Entwicklungen. Ob es sich um technologische Durchbrüche, neue Regulierungen oder die Entstehung völlig neuer Anwendungsfälle handelt, die Dynamik dieses Sektors ist beeindruckend. Die Fähigkeit, sich schnell an diese Veränderungen anzupassen und sie zu nutzen, wird entscheidend sein, um in diesem sich ständig weiterentwickelnden Umfeld erfolgreich zu sein.

Es ist ein aufregendes Feld, das ständig neue Fragen aufwirft und uns dazu zwingt, unsere bisherigen Annahmen und Strategien ständig zu überdenken.

Was die nächsten Jahre bringen könnten

Die Zukunft der Kryptowährungen steht an einem entscheidenden Punkt. Mit der zunehmenden Akzeptanz durch institutionelle Investoren und die Integration in den Mainstream-Finanzsektor könnte die Rolle von Kryptowährungen als legitime Anlageklasse weiter gefestigt werden. Aber es gibt auch Herausforderungen, die gemeistert werden müssen, um das volle Potenzial dieser disruptiven Technologie auszuschöpfen.

Beginnen wir mit der Regulierung. In Deutschland und der gesamten Europäischen Union gibt es Bestrebungen, Kryptowährungen stärker zu regulieren, um Geldwäsche und andere illegale Aktivitäten zu verhindern. Die Einführung von Regulierungsrahmen wie der MiCA (Markets in Crypto-Assets) könnte für mehr Sicherheit und Vertrauen in den Markt sorgen, aber auch Innovationen bremsen. Es wird interessant sein zu sehen, wie sich dieser Spagat zwischen Regulierung und Freiheit entwickelt.

Ein weiterer wichtiger Punkt ist die technologische Entwicklung. Mit dem Aufkommen von Ethereum 2.0 und anderen Blockchain-Plattformen der nächsten Generation könnten wir eine Welle neuer Anwendungen und Dienstleistungen erleben, die weit über das hinausgehen, was mit der aktuellen Technologie möglich ist. Von dezentralen Finanzsystemen (DeFi) bis hin zu Tokenisierung von Vermögenswerten – die Möglichkeiten sind nahezu unbegrenzt.

Die Energieeffizienz von Kryptowährungen wird ebenfalls ein zentrales Thema sein. Der hohe Energieverbrauch von Bitcoin und anderen Proof-of-Work-Kryptowährungen hat zu Bedenken hinsichtlich ihrer Umweltauswirkungen geführt. Neue Konsensmechanismen wie Proof of Stake oder sogar hybride Systeme könnten eine umweltfreundlichere Alternative bieten und so die Akzeptanz von Kryptowährungen in einer zunehmend umweltbewussten Gesellschaft fördern.

Die Interoperabilität zwischen verschiedenen Blockchain-Netzwerken wird ebenfalls eine entscheidende Rolle spielen. Mit der Entwicklung von Cross-Chain-Technologien könnten Benutzer in der Lage sein, Assets und Informationen nahtlos zwischen verschiedenen Blockchains zu übertragen. Dies würde nicht nur die Benutzerfreundlichkeit erhöhen, sondern auch neue Geschäftsmodelle ermöglichen, die auf der Zusammenarbeit zwischen verschiedenen Netzwerken basieren.

Die Integration von Kryptowährungen in den traditionellen Finanzsektor wird ein weiteres spannendes Gebiet sein. Von der Einführung von Krypto-ETFs bis hin zur Nutzung von Stablecoins für grenzüberschreitende Zahlungen – die Möglichkeiten für die Integration sind vielfältig. Aber diese Entwicklung wird auch Fragen der Compliance und der Risikobewertung aufwerfen, die sorgfältig angegangen werden müssen.

In Deutschland könnte die Einführung von digitalen Zentralbankwährungen (CBDCs) wie dem digitalen Euro das Verhältnis zwischen Kryptowährungen und traditionellen Währungen weiter verändern. Während einige befürchten, dass CBDCs die Rolle von dezentralen Kryptowährungen minimieren könnten, bieten sie auch die Möglichkeit für eine engere Integration und könnten als Brücke zwischen den beiden Welten dienen.

Die Rolle von Kryptowährungen in der globalen Wirtschaft könnte sich durch die Einführung von Smart Contracts und dezentralen Anwendungen (dApps) dramatisch verändern. Diese Technologien ermöglichen es, komplexe Verträge und Transaktionen ohne menschliches Eingreifen auszuführen, was die Effizienz steigert und die Kosten senkt. In Deutschland könnten beispielsweise Lieferketten durch den Einsatz von Smart Contracts optimiert werden, was die Wettbewerbsfähigkeit der deutschen Industrie stärken würde.

Ein weiterer Punkt, der bisher wenig Beachtung gefunden hat, ist die Rolle von Kryptowährungen in der Entwicklungszusammenarbeit. Durch die Möglichkeit, Geld schnell und kostengünstig über Grenzen hinweg zu senden, könnten Kryptowährungen eine wichtige Rolle bei der Armutsbekämpfung und der Förderung von wirtschaftlicher Entwicklung in weniger entwickelten Ländern spielen. Dies würde nicht nur den betroffenen Ländern helfen, sondern auch die geopolitische Stabilität fördern, was im Interesse Deutschlands und der EU liegt.

Die Frage der Privatsphäre wird ebenfalls immer wichtiger. Mit der zunehmenden Überwachung und Datensammlung durch Regierungen und große Technologieunternehmen suchen die Menschen nach Möglichkeiten, ihre Privatsphäre zu schützen. Kryptowährungen wie Monero oder Zcash, die auf Anonymität und Datenschutz ausgerichtet sind, könnten in diesem Kontext an Bedeutung gewinnen. Allerdings stellt dies auch eine Herausforderung für die Regulierungsbehörden dar, die den Missbrauch dieser Technologien für illegale Aktivitäten verhindern wollen.

Die Einführung von Krypto-Derivaten und anderen Finanzinstrumenten, die auf Kryptowährungen basieren, wird den Markt weiter diversifizieren und für institutionelle Investoren attraktiver machen. Dies könnte zu einer erhöhten Marktstabilität führen, da größere, stabilere Akteure in den

Markt eintreten. Aber es birgt auch Risiken, insbesondere wenn diese Instrumente nicht ausreichend reguliert werden.

Die Rolle von Kryptowährungen im Kontext der künstlichen Intelligenz ist ein weiteres spannendes Feld. Durch die Kombination von Blockchain-Technologie mit maschinellem Lernen könnten völlig neue Geschäftsmodelle und Anwendungen entstehen, die wir uns heute noch gar nicht vorstellen können. Von autonomen, durch KI gesteuerten Lieferketten bis hin zu personalisierten, auf der Blockchain basierenden Gesundheitsdiensten – die Möglichkeiten sind nahezu unbegrenzt.

Die zunehmende Integration von Kryptowährungen in das Internet der Dinge (IoT) bietet ebenfalls ein enormes Potenzial. Stellen Sie sich vor, Ihr Kühlschrank könnte automatisch Milch nachbestellen und mit einer Kryptowährung bezahlen, wenn der Vorrat zur Neige geht. Oder Ihr Auto könnte Mautgebühren automatisch in Echtzeit bezahlen, ohne dass Sie etwas tun müssen.

Und zum großen Finale möchte ich ein letztes Mal erwähnen, dass die Kryptowährungen nicht nur eine finanzielle Revolution darstellen, sondern das Potenzial haben, fast jeden Aspekt unseres Lebens zu verändern. Von der Art und Weise, wie wir Geschäfte machen, bis hin zu unserer Interaktion mit der Regierung und sogar unserer persönlichen Gesundheit – die Kryptowährungen stehen erst am Anfang ihres disruptiven Potenzials. Es ist eine aufregende Zeit, und die nächsten Jahre könnten uns Entwicklungen bringen, die wir uns heute noch nicht einmal vorstellen können.